分析师外部评选的经济后果研究

赵良玉　刘芬芬　著

FENXISHI PINGXUAN DE

JINGJI HOUGUO YANJIU

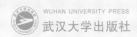

WUHAN UNIVERSITY PRESS

武汉大学出版社

图书在版编目(CIP)数据

分析师外部评选的经济后果研究 / 赵良玉,刘芬芬著 . -- 武汉 :
武汉大学出版社, 2024.12. -- ISBN 978-7-307-24823-6

Ⅰ. F83

中国国家版本馆 CIP 数据核字第 2024QX0905 号

责任编辑:范绪泉   责任校对:汪欣怡   版式设计:马　佳

出版发行:**武汉大学出版社**　（430072　武昌　珞珈山）

（电子邮箱:cbs22@ whu.edu.cn　网址:www.wdp.com.cn)

印刷:湖北云景数字印刷有限公司

开本:720×1000　1/16　印张:10.25　字数:163 千字　插页:1

版次:2024 年 12 月第 1 版　　2024 年 12 月第 1 次印刷

ISBN 978-7-307-24823-6　　定价:48.00 元

感谢教育部人文社会科学研究青年基金项目

"股票市场中的谣言研究：诱因、后果及澄清机制"

（18YJC630258）资助

前　　言

分析师外部评选机制是否影响分析师的预测行为？能否提高整个分析师行业研究报告的质量以至于改善整个资本市场的信息环境？本研究利用"新财富最佳分析师"的评选数据，综合、全面地研究分析师外部评选机制对分析师预测行为及资本市场信息环境的可能影响。本研究表明，分析师外部评选机制虽然会诱发分析师的某些不利行为，但是从总体上来说，能够促进公司特质信息的供给，进而改善资本市场整体的信息环境。

分析师外部评选是由机构投资者对分析师的业绩进行排序，并择优选出业绩表现最为突出的分析师，其实质是分析师行业的锦标赛。在锦标赛竞争中，参与者的相对表现决定其薪酬水平，也即薪酬的变化取决于相对排名，而非绝对业绩。这意味着，无论落后多少，只要竞赛者的相对排名没有发生变化，奖励都是相同的。因此，锦标赛竞争会诱发暂时落后的一方采取更为冒险的行动以赢取比赛的胜利。此外，新财富最佳分析师评选的方式是由机构投资者直接在选票上填写分析师的姓名，这意味着，明星分析师的评选不仅对分析师表现出来的专业性进行排名，还对分析师的知名度设置了相对较高的门槛。由于明星分析师和非明星分析师在排名以及知名度上的不同禀赋，其竞争策略的选择也存在差异。

上榜明星分析师，能够为分析师带来上百万元的收入溢价。预期收益的增加，促进了分析师行业的竞争，从而激励分析师投入更多的时间和精力来挖掘公司信息，以便为其投资组合中的所有股票提供更高质量的预测报告。分析师更努力工作带来的影响是可以为行业中的其他分析师提供更多信息。由于分析师经常使用同一行业其他分析师的报告来构建自己的报告，因此，其最终的结果是提高了整个分析师行业盈余预测的准确性以及股价中所含的公司特质信息。

本研究以我国最富影响力的"新财富最佳分析师"的评选为背景，研究分析师外部评选机制对分析师预测行为的可能影响，并利用 2018 年 9 月 21 日因方正"饭局门"的爆出而迫使该评选外生中断这一准自然实验，来研究分析师外部评选机制对分析师行业以及资本市场整体信息环境的影响作用。

与明星分析师相比，非明星分析师更可能发布激进预测；在明星分析师的评选期间，非明星分析师的激进预测行为会得到进一步的加强；非明星分析师在评选为明星分析师后，其盈余预测的激进程度有所下降；在同等情况下，无论是与非明星分析师发布的非激进预测相比，还是与明星分析师发布的激进预测相比，非明星分析师所发布的激进预测所含的信息量都更低。

我们分别从明星分析师评选活动影响力的大小、明星分析师的组内排名的角度，来研究分析师外部评选机制对分析师激进预测行为的诱导作用。我们发现，随着明星分析师称号对分析师薪酬及职业发展前景影响力的扩大，卖方分析师更可能发布激进的盈余预测；即便在明星分析师中，其所在小组的组内排名也会影响分析师的激进预测行为——在明星分析师研究小组中排名越靠后的分析师，也越可能发布激进预测。

关于分析师的首次跟踪行为，与明星分析师相比，非明星分析师更可能对没有分析师追踪的上市公司进行首次追踪；明星分析师的评选期会加强非明星分析师对暂时没有分析师跟踪的上市公司的首次追踪行为。

新财富最佳分析师评选的外生中断之后，分析师盈余预测的准确度下降，公司股价的同步性上升。这些发现意味着，分析师外部评选机制的缺失会导致分析师预测质量的整体下降，从而不利于证券市场的有效运行。

本研究有助于全面地评价分析师外部评选机制对分析师行业以及整个资本市场信息环境的可能影响，还可为监管层提供一个新的角度来提高资本市场的运行效率，即可以通过规范和引导分析师的预测行为来促进信息的有效传递。

目　　录

第一章　引　　言

第一节　研究动机及研究意义

一、研究动机

资本市场最基本的功能，是通过证券价格的信号机制来引导资源的流向，以实现资源的最优配置（朱红军等，2007）。资本市场是一个由信息驱动的市场，信息充分而有效的传递是其发挥资源配置作用的重要保证之一。管理层和投资者之间的信息差异和彼此间的利益冲突可能会导致证券价格的扭曲，影响资本市场的正常运行，从而导致资源的错配。因而，健康有效的资本市场，需要有规范的信息披露和信息监管。

资本市场的信息有效性，不仅取决于信息披露本身的数量和质量，还取决于信息传递的效率和投资者对信息的解读。无论是对信息的搜集、解读还是传递，证券分析师、媒体等信息中介都发挥着非常重要的作用（毛新述等，2013）。

作为资本市场最重要的信息中介，证券分析师对资本市场信息的传递以及资源的有效配置起着非常重要的作用（Healy 和 Palepu，2001；Merkley 等，2017）。分析师往往受过金融、财务等方面的专业训练，在公开信息的解读以及私有信息的挖掘上更具规模效应和比较优势。他们通过对信息的搜集、加工以及分析活动，将信息以及投资建议以研究报告的形式传递给投资者，从而降低投资者和公司之间的信息不对称，促进资本市场的有效运行。

证券分析师能够降低投资者和公司之间的信息不对称，改善公司的信息环境，提高信息的传递效率。但是，许多研究也表明，分析师的预测行为存在系统性的偏差（比如乐观预测、羊群预测等），分析师为投资者提供的研究报告并不总是客观、公正的。

鉴于分析师可能面临的诸多利益冲突，为了增强分析师的独立性，监管层也做了一系列的努力，例如，我国证券业协会于 2010 年底颁布实施的旨在减少分析师利益冲突的《证券公司信息隔离墙制度指引》；而学术界也在努力地找寻有效的机制来约束分析师的行为偏差，比如机构投资者、声誉机制。在这些可能的约束机制中，分析师的外部评选机制在其中所发挥的作用则并没有受到应有的重视。

分析师的外部评选机制，是指由外部的机构投资者投票评选出不同研究行业的明星分析师，比如美国《机构投资者》评选的"全美国分析师"、《华尔街日报》的"最佳荐股人"，以及我国《新财富》的"最佳分析师"。分析师外部评选机制，对分析师的声誉及薪酬产生了巨大的影响。Groysberg 等（2011）利用从一家知名综合投资银行获得的分析师薪酬数据发现，"全美国分析师"的薪酬比非明星分析师高 61%，"最佳荐股人"的薪酬比同行高 23%。李丽青（2012）指出，我国《新财富》上榜最佳分析师的明星分析师不但会受到所在券商的奖励和重用，其年薪也普遍在百万元以上。

目前，我国最具影响力的分析师外部评选机制就是"新财富最佳分析师"，其评选的方法参照了美国《机构投资者》杂志。自新财富最佳分析师的评选活动创办以来，这一外部评选机制就备受市场关注，甚至对其产生争议。一些观点认为，评选纯粹是人气的比拼，对人才的选拔毫无意义；一些观点认为，评选期间的分析师的路演、拜票行为会分散分析师的精力，造成资源的浪费；一些观点则认为，评选出来的分析师大多是大券商的分析师，其机制的设计并不合理；还有一些观点则认为，资本市场需要类似新财富这样的外部机制来评价分析师，但是其机制的设计需要进行改进，等等。而 2018 年 9 月 18 日爆出的方正"饭局门"事件，更是将分析师的外部评选推到了风口浪尖，引起了人们对"新财富最佳分析师"评选的热烈讨论。

尽管资本市场乃至舆论对分析师的外部评选进行了广泛讨论，监管层和实务界对分析师外部评选机制存在的合理性和必要性存在疑问，然而，目前为止，学术界却尚未有学者对此进行系统的研究。考虑到分析师在资本市场上所发挥的重要作用以及分析师外部评选机制对分析师行为的重要影响，研究分析师外部评选机制对其预测行为及资本市场信息环境的可能影响具有重要的研究价值。

因此，本研究利用新财富最佳分析师的评选以及评选活动的意外中断事件，来全面深入地探讨分析师外部评选机制对分析师预测行为、分析师行业以及资本市场信息环境的影响作用。

二、研究意义

本研究以分析师外部评选机制作为研究对象，探讨其对分析师行为、资本市场信息环境的可能影响，并通过实证检验来提供证据支持。对分析师外部评选机制进行系统的探讨，具有重要的理论意义和现实意义。

第一，国内现阶段主要是从预测的准确性、预测的信息量等角度来探讨评选出来的明星分析师是否提供了高质量的预测报告，或者是将是否上榜明星分析师作为声誉的代理变量来进行相关的分析。截止到目前，并没有文献去系统、全面地研究分析师外部评选机制本身对分析师跟踪上市公司、发布研究报告等预测行为的影响以及对资本市场信息环境的影响。

第二，分析师预测的激进性是分析师预测的一个重要特性，相对于对分析师乐观性预测的广泛研究，对分析师激进预测的研究仍处于探索阶段。分析师为什么会发布激进预测？对这一问题的回答有助于丰富人们对分析师行为的认识，有助于帮助投资者更好地了解分析师的研究报告。本研究的发现丰富了锦标赛理论对参赛者风险行为诱导作用的研究，有助于全面了解锦标赛薪酬激励的作用，有助于了解分析师外部评选机制对分析师激进预测行为的影响。

第三，有关分析师首次追踪行为的研究，目前国内少有涉及。本研究试图从增加分析师在机构投资者中的认知度这一角度来探讨分析师的首次跟踪行为。本研究的证据表明，分析师外部评选机制虽然诱发了分析师的某些风险行为，但是，也促进了分析师对那些暂时没有分析师跟踪的公司的首次跟踪行为。考虑到分析师跟踪对上市公司价值提升的重要促进作用，分析师外部评选机制对分析师首次跟踪的积极影响，具有不可估计的经济社会价值。

第四，关于分析师外部评选机制会如何影响资本市场的信息环境，目前并无此类研究，本研究利用"新财富最佳分析师"这一极富影响力的评选机制的外生中断，来探讨分析师外部评选机制对整个信息环境的可能影响，对分析师外部评选机制做了全面、系统的研究，可以帮助监管层和投资者更全面、准确地评估分析师外部评选机制的价值，并为外部评选机制可能的改善提供一些思路。

第二节　研究思路和结构安排

一、研究思路

为达成本研究的研究目标，本节按照四个递进的层次来梳理研究思路。

首先是对证券分析师相关的文献进行系统的梳理。在确定选题为"分析师外部评选机制对分析师行为及资本市场环境影响研究"的基础上，阅读了与分析师信息中介作用、外部监督作用相关的文献，然后进一步阅读关于分析师行为偏差、行为动机以及分析师评选机制的文献，在阅读大量文献的基础上进行文献回顾。在梳理文献的过程中，得到有益的启发，确定了用锦标赛理论、薪酬激励、近因理论等作为研究的理论基础。

其次是进行相关的理论分析。在前人关于分析师预测研究的基础上，从相关的理论基础和现有的外部分析师评选机制出发，对相关概念进行了界定，随后建立理论框架来探讨分析师外部评选机制对分析师行为以及资本市场信息环境的可能影响。本研究认为，分析师外部评选机制，其实质是分析师行业的锦标赛，它通过对分析师薪酬以及声誉的巨大影响，诱使分析师采取发布激进预测或增加首次跟踪的行为来提高获胜的可能性；其次，分析师外部评选机制虽然会诱使分析师采取更冒险的行为，但是在整体上，它能通过加大投资者对分析师薪酬以及声誉的影响，来提高分析师的独立性以及工作的努力程度，从而改善整个资本市场的信息环境。在这个框架下，提出了用于后续实证检验的研究框架。

再次是进行相关的实证检验。为分析师外部评选机制对分析师行为及资本市场信息环境的影响研究框架提供相应的实证证据。运用分析师预测的数据来验证在理论分析过程中得到的假设。

最后是结论与展望。对文章的研究内容进行总结，指出本研究的研究发现和研究贡献，并基于本研究的研究发现提出相关的政策建议。

图 1-1 为本研究的研究逻辑框架图。

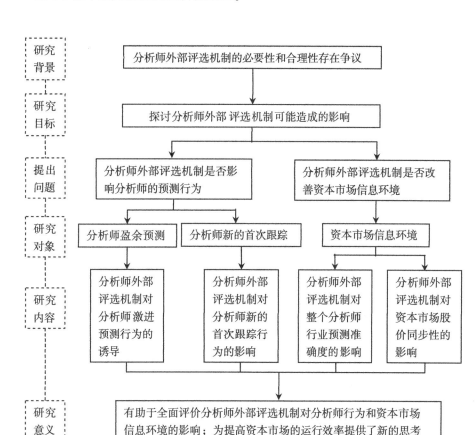

图 1-1　研究逻辑框架图

二、结构安排

本研究共有七章内容，各章节的主要内容如下：

第一章是引言，是对研究内容的一个全面、基本的介绍。

第二章是理论基础和制度背景，主要介绍了羊群效应和锦标赛理论，我国资本市场信息中介、证券分析师的发展历程以及现状，以及分析师外部评选机制的发展历程和评选规则。

第三章是文献回顾，主要介绍了与本研究相关的理论，回顾了分析师在资本市场上的信息中介作用、对上市公司的外部监督作用、分析师的行为偏差、行为偏差后面的经济动因以及分析师的评选体系等相关的文献。

　　第四章考察分析师外部评选机制对分析师激进预测行为的影响，研究发现与明星分析师相比，非明星分析师更可能发布激进预测；明星分析师的评选期会加强非明星分析师的激进预测行为；而非明星分析师在评选为明星分析师后，其激进预测的程度有所下降；同等情况下，非明星分析师激进预测的信息含量更低。进一步的研究发现，随着明星分析师称号对分析师职业发展前景影响力的扩大，分析师越可能发布激进的盈余预测；而明星分析师的组内排名中，排名越靠后的分析师，越可能发布激进预测。

　　第五章考察分析师外部评选机制对分析师首次追踪行为的影响，与明星分析师相比，非明星分析师更可能对没有分析师追踪的上市公司进行首次追踪；明星分析师的评选期会加强非明星分析师的首次追踪行为。

　　第六章考察分析师外部评选机制的外生中断对资本市场信息环境的影响，具体是从分析师行业整体预测准确性的角度以及股价同步性角度进行研究。本研究的实证发现，新财富最佳分析师评选外生中断之后，分析师盈余预测的准确度下降，股价同步性上升，这意味着，分析师外部评选机制的缺失会导致分析师预测质量的整体下降，从而不利于证券市场的有效运行。

　　第七章是研究结论与政策建议，主要是对本研究上述各个章节的研究内容进行归纳总结，并结合我国证券分析师外部评选机制的现状，提出了相关的政策建议。

第二章　理论基础和制度背景

第一节　理 论 基 础

一、羊群效应

根据古典经济理论，代理人做出的投资决策是基于自身所掌握的所有可用信息而得到的最优解，投资决策反映了代理人的理性预期。然而，投资决策也很可能是由集体心理所驱动，从而削弱信息与市场结果之间的联系（Scharfstein 和 Stein，1990）。尽管从社会的角度来看，这一从众行为是无效率的，但对代理人而言则是理性行为。Bikhchandani 和 Sharma（2000）在其关于资本市场上的羊群行为的文献回顾中，将理性羊群行为产生的主要原因分为 3 类。

一类是信息不完全导致的羊群行为。假设每个行为人在环境不确定的情况下都面临着同样的投资决策，并且拥有关于正确行动方案的私有但不完全的信息。在这种情况下，行为人的私有信息可能是对其观测到的研究现象所得出的结论；或者，与投资相关的所有信息都是公开的，但是，这些信息的质量不确定性高，而个人对公开信息质量的凭据只有自己知道。此时，行为人可以通过观察彼此之间的行动推测其可能掌握的私有信息，并综合他人与自己的私有信息做出买卖决策。在这样的模型下，如果前几个行为人均做出同样的行为决策，那么，整个群体都会选择同样的行动方案，即便行为人个人的私有信息可能并不支持该羊群行为。

一类是声誉因素引起的羊群行为。该理论模型主要适用于存在关于代理人能力的信息不对称以及代理人看重委托人对其感知能力的评价，也即代理人重视自己的声誉的情况。由于代理人关心委托人对自己能力的评价，为了维持自己的声誉，代理人可能会简单地模仿其他代理人的行为，而忽视自己的私有信息。这样做的好处是，一旦决策失败，也是"法不责众"（Scharfstein 和 Stein，1990）。但是，由于代理人获得的良好声望来自其出色的相对业绩表现，而只有当代理人的业绩表现低于市场平均水平时，其声誉才会受损，因此，能力极强和能力极差的代理人都更倾向于脱离羊群行为，采取更激进的行为（Zweibel，1995）。

还有一类是薪酬设计引起的羊群行为。如果代理人的薪酬取决于其表现与其他类似专业人士的表现的相互比较，那么，该薪酬设计可能导致羊群行为。考虑一个风险厌恶的代理人，其薪酬随着自身业绩的上升而增加，随着基准业绩表现的上升而下降。由于代理人和该基准都有关于股票收益的不完全的私有信息，基准投资者首先做出决策，代理人在观察基准投资者的行动后选择投资组合。根据不完全信息羊群行为，代理人有动机模仿基准投资者，因为在代理人观察基准投资者的行为后，其最优投资组合更接近基准投资组合。而薪酬设计则进一步促使代理人模仿基准投资者，如果代理人的表现低于基准，其可能的薪酬减少会导致代理人更倾向于将投资偏向基准投资组合，而不是仅仅依靠自己的信息进行交易。由于道德风险或逆向选择的存在，此类相对业绩合同往往是委托人（代理人的雇主）的最佳选择①。因此，羊群效应可能是约束有效的（限制是由道德风险或逆向选择强加的）（Bikhchandani 和 Sharma，2000）。

由于分析师的行为受到多方面因素的影响，因此，分析师行为的激励因素并不仅限于上述因素中的某一个，而是受到不完全信息、声誉以及薪酬因素的综合影响。鉴于分析师外部评选机制对分析师声誉以及薪酬的重大影响，分析师外部评选机制对预测行为的可能影响的理论基础也可借鉴羊群行为理论。

二、锦标赛理论

锦标赛理论，是指一种薪酬的激励安排，委托人事先设定好差序化的薪酬水平，代理人的薪酬水平取决于其排名的顺序，即代理人的相对表现而非绝对业绩决定了薪酬的多少，相较于失败者，获胜的一方可以获取丰厚的奖励（Lazear 和

---

① 详情可参见 Maug 和 Naik（2011）。

Rosen, 1981; 杨其静和杨婧然, 2019)。锦标赛薪酬计划与其他薪酬激励计划的主要差异在于, 代理人的收入取决于其排名的顺序, 而不是其产出的绝对水平, 由于锦标赛薪酬计划的薪酬水平是预先设定的, 因此, 工资与其特定的竞赛成绩并不直接相关。它通过激励代理人赢得比赛来确定绩效奖励。

锦标赛理论特别适用于一些特定情况: 代理人的努力程度不能被直接观察或者监督的成本过高以及代理人的业绩取决于随机状态的实现 (Lazear 和 Rosen, 1981; Yin 和 Zhang, 2014)。如果能够以较低的成本并且可靠的方式来监督代理人的工作, 最佳的薪酬方案是基于其产出的定期工资。如果监控存在困难, 代理人可能会改变其工作的努力程度, 减少其相对于最优水平的投入, 在这种情况下, 产出-工资会导致代理人的偷懒行为。如果代理人的产出水平可以可靠地计量, 则可以改善这种偷懒的行为。一般而言, 建立在代理人投入基础上的薪酬更为可取, 因为它改善了代理人承担的风险水平。但是, 当监督成本过高以至于道德风险成为一个严重的问题时, 基于产出的薪酬安排提高的生产效率可能会超过风险分担的损失。按等级排序来决定薪酬的支付水平, 改变了计量的成本以及代理人承担风险的性质, 因此, 锦标赛在某些时候是一种能够实现有效激励结构的优越方式。

锦标赛竞争同样适用于公司组织中的层级竞争。组织中不同层级之间的薪酬差距非常大, 而员工职位的提升取决于其相对的业绩评估, 因而, 组织里的员工为级别更高的少数职位进行的竞争可视为锦标赛竞争 (Bognanno, 2001)。从该理论出发, Cichello 等 (2009) 发现, 部门经理的晋升与该部门经理的业绩表现是否优于其他部门经理高度相关, 但与绩效间的差异程度微弱相关。

在锦标赛竞争中, 无论落后多少, 只要相对排名没有发生变化, 奖励都是相同的, 因此, 锦标赛理论也可能改变代理人决策的风险水平。Brown 等 (1996) 首次将锦标赛竞争用于解释基金经理的风险决策, 预测并发现, 当基金经理的薪酬与相对业绩挂钩时, 相对于在年中评估获胜的基金经理, 年中评估暂时落后的投资组合经理会在后期更大限度地增加投资风险, 以获取最终结局的反转。Chevalier 和 Ellison (1997)、Koski 和 Pontiff (1999) 也有类似的发现。Kempf 和 Ruenzi (2007) 将基金经理间的锦标赛竞争从部门间的竞争扩大到共同基金行业里的竞争, 他们发现, 基金经理会根据自己在基金家族的相对位置来调整风险,参与竞争的人越多，竞争越激烈，排名相对较低的基金经理越可能增加风险投资。

第二节　制度背景

一、我国资本市场信息中介的发展及现状

资本市场的运作从本质上看是一个循环，一方面资金从投资者手中流向商业公司，而另一方面信息从商业公司流向投资者（Healy 和 Palepu，2001）。图 2-1 是关于信息披露、信息中介和金融中介在资本运作过程中所起作用的示意图，其左边显示的是从投资者手中向公司方向流动的资金流，右边显示的是从管理层向投资者方向流动的信息流。

从图 2-1 可以看出，健康发展的资本市场至少包含两个流动：一是资金从投资者流向企业进行投资生产，另一个是信息从企业流向投资者。但是，由于市场存在的一些缺陷，企业和投资者之间的交易变得非常复杂。其原因有两点：其一，公司管理层和投资者之间存在广泛的信息不对称，投资者难以确定哪些企业才值得投资；其二，一旦投资者把资金投入商业公司，管理层有动机去侵占投资者的资产，即存在代理问题。由投资者和管理层之间的信息不对称和利益冲突引发的信息问题，可能会造成资本市场的失灵，导致其资源配置的有效性降低甚至失灵（George，1970；Healy 和 Palepu，2001）。对于此问题的解决，一方面依赖于上市公司或通过强制性的财务报告，或自愿披露的方式为市场提供更多信息；另一方面依赖于资本市场上的信息中介更加有效地搜集和解读信息。

我国资本市场信息中介的发展历程：

（1）起步阶段（1991—1996 年）。我国资本市场于 20 世纪 90 年代初开始正式建立，随着全国性资本市场的形成，我国的证券类媒体以及证券投资咨询业相继于 1991 年、1992 年陆续创立。此阶段，从业人员往往良莠不齐，所谓的股评专家往往围绕内幕交易、政策走向等概念来给出投资的建议。在这一阶段，《上海证券报》《中国证券报》《证券时报》分别于 1991 年 7 月、1992 年 6 月以及 1993 年创办。这些报纸掌握了上市公司的信息披露权，对证券市场的

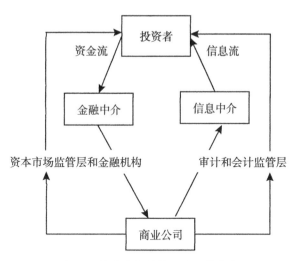

图 2-1　资本市场的资金流和信息流

信息环境起着非常重要的影响作用。除了对上市公司进行报道之外，这些报纸还不断地拓宽其研究报道的范围，在公司治理、金融市场、宏观经济等方面都有所涉猎。由于相关法律法规的缺失，这一阶段的信息中介处于一种野蛮发展、混乱无序、机会主义盛行的状态。

（2）规范阶段（1998—2001 年）。监管机构开始对从业机构和从业人员进行资格审查。股评家开始逐步退出市场，分析师需要持证上岗，同时证券业协会也开始行业自律，要求分析师遵从职业操守和职业道德。证监会也开始加强对投资者的保护，防止相关的咨询业务的从业人员因利益冲突而损害投资者利益。此阶段，我国的财经类媒体也蓬勃发展，央视的财经类节目推动了财经内容的大众化，财经类媒体对资本市场的影响力也不断扩大。

（3）快速发展阶段（2002 年至今）。随着我国 A 股进入全流通时代，我国的资本市场迅速与国际接轨。伴随着公募基金、合格境外机构投资者以及合格境内机构投资者等机构投资的迅猛发展，我国资本市场结构发生了重大变化。机构投资者在资本市场上所占的比例迅速上升。此外，财经门户网站，大量从事投资理财服务的专业网站等纷纷面世，财经媒体的互联网化不断加深，加快了公司信息在资本市场的传递速度，对投资者获取信息的数量、质量和速度都产生了深远的影响。2002 年之后，我国资本市场的信息中介进入了快速发展的阶段。

二、我国分析师行业的发展及现状

分析师，也被称为证券分析师或为财务分析师，是指专门从事资本市场相关的信息搜集、信息加工、信息分析工作，并以研究报告的形式将信息以及投资建议传递给投资者的专业人士。分析师研究报告是分析师收集、评估以及分析与公司未来业绩相关信息的整个过程的汇总，其中最重要的信息是关于公司的盈利预测、投资评级（包括买入、持有、卖出）以及目标价格这三个关键综合指标，大部分研究报告通常还会提供一些定量和定性分析来支持这些预测判断。

我国的证券分析师起步较晚，其雏形是早期对股民进行咨询指导的证券咨询人员以及在各种媒介上发表"投资建议"的被称为"股评专家"的群体。这一时期的"股评专家"，往往围绕内幕交易、政策走向等概念来给出投资建议，在投机之风盛行时，还经常散播小道消息来配合游资哄抬股价。

1992 年申银万国证券研究所的成立，标志着我国分析师行业职业化的开始。而后随着一系列监管法规的颁布，将分析师职业纳入了法律法规的监管之下，从业机构和从业人员需要通过资格审查，进一步规范了分析师的行业发展。

2000 年，公募基金的问世是分析师行业的转折点。在此之前，分析师主要是对券商内部服务。在此之后，投资机构的发展壮大促使越来越多的券商研究所转型对外服务。

三、我国分析师的外部评选机制

分析师最重要的职责是为投资者提供信息，以帮助投资者对公司未来价值形成正确的预期，并做出相应的投资决策。但是分析师行业的特殊性在于，投资者并不直接为分析师的服务付费，分析师的薪酬并不直接取决于分析师个人本身为投资者提供了多少有用的信息。

分析师的薪酬差异往往主要来自奖金，而奖金则取决于所在券商的收入以及券商外部客户对券商分析师的总体评价。具体而言，券商从研究工作和服务工作两个方面来考核分析师的绩效。研究工作的质量很难评估，但是服务质量在很大程度上反映了研究工作的质量。因而，对分析师的绩效考核往往侧重于服务工作，而服务工作又分为对券商的内部服务和对机构投资者或个人投资者提供的外部服务两方面。由于受监管部门"防火墙"的管制，研究部门在券商内部为其他部门提供的服务有限，其对内服务的重要性日益下降。与此相对，对外部的研究服务则日益重要，这甚至直接决定了券商和分析师的主要收入部分。

我国券商的收入很大一部分来自交易佣金，而不管从金额上还是确定性上，机构投资者的交易佣金分仓是其中最甜美的一块，而交易佣金分仓往往取决于基金公司对该券商分析师服务质量的总体评价。基金经理的评价成为分析师奖金多少的决定性因素。

由于分析师的薪酬与诸多因素相关，分析师可能会因为所面临的各种利益冲突而出现行为偏差。因而，需要一个客观的外部评选机制来激励分析师保持客观公正的立场。通过第三方机构来进行客观的评价，有助于评选出能力出众的分析师，也更有利于分析师行业的健康发展，从而促进资本市场信息的传递效率。

由于《新财富》杂志的市场影响力及其较早地开展分析师评选活动，因此在市场上最具号召力和影响力。从 2003 年开始，参照美国机构投资者杂志的做法，《新财富》每年评选一次"最佳分析师"，由机构投资者参与投票，以便选拔出各个研究方向表现最为出色的卖方分析师。

前面两届最佳分析师的评选，在时间的安排以及流程上都与后面的几届存在较大差异：2003 年第一届评选活动开始于当年的 1 月，采用的评选方式是由基金经理直接提名卖方分析师作为候选人并为其打分；而 2004 年第二届最佳分析师的评选开始于当年的 2 月，其确定候选人的方式，不同于第一届的基金经理直接提名，采用的是向证券公司的研究机构征询候选人。而从 2005 年开始，《新财富》最佳分析师评选的时间安排以及评选流程基本固定，或稍有浮动，参与投票的主体以及参加竞选的卖方分析师数量也不断扩大，其详细数据可参见表 2-1。

表 2-1　　　　　　　**2003—2017 年新财富最佳分析师评选概况**

评选年度		候选方			投票人		
		参评研究机构数量（家）	参评分析师人数（人）	行业划分（个）	机构投票人数（人）	掌握资金总量（亿元）	选票回收率
首届	2003	未征集候选人，直接提名		26	77	682	65%
第二届	2004	35	450 余	29	126	>2500	100%
第三届	2005	28	550 余	32	251	>5000	100%
第四届	2006	22	500 余	32	348	>6000	100%
第五届	2007	26	450 余	32	532	>30000	100%
第六届	2008	36	900 余	31	900 余	>30000	主体 100%
第七届	2009	42	1130 余	31	1050 余	近 50000	主体 100%
第八届	2010	40	950 余	31	1500 余	近 66000	主体 100%
第九届	2011	42	近 1100	31	2000 余	近 75000	主体 100%
第十届	2012	41	1400 余	31	近 2500	近 80000	主体 100%
第十一届	2013	37	近 1500	31	近 2400	近 80000	主体 100%
第十二届	2014	47	近 1500	32	2700 余	近 80000	主体 100%
第十三届	2015	50	近 1500	34	3500 余	>100000	主体 100%
第十四届	2016	50	近 1500	34	4000 余	>350000	主体 100%
第十五届	2017	44	1400 余	34	4000 余	>700000	主体 100%

从 2005 年第三届最佳分析师评选活动开始，评选的流程大致分为四个阶段：投票人征集、候选人征集、投票期、颁奖典礼。评选活动的时间安排一般是 8 月开始启动，9 月或 10 月为投票期，11 月揭晓投票结果。评选规则采用的是主观定性评价方式，每个投票人推荐相关领域研究方向的前 5 名分析师，按照其排名赋予 5、4、3、2、1 的分数，再乘上每个投票人相应的权重，然后汇总得出总分。投票的权重与投票人所在机构的类型和规模及投票人的职位相关，最高权重为 5，最低权重为 1。

《新财富》杂志评选出来的"最佳分析师"代表了我国券商研究所的最高水

平，他们密切跟踪以及深入分析市场、行业以及公司的信息，为投资者提供相关的公司价值信息。评选出的明星分析师往往能提供更多的公司特质信息（Xu 等，2013；伊志宏等，2013），发布的盈余预测更有信息含量（李丽青，2012）、更准确（李丽青，2012），投资评级更具价值（李丽青，2013；李勇等，2015）。

"最佳分析师"的外部评选，加剧了分析师在各个研究方向上的竞争，不仅促使分析师发布更具价值的研究报告，更增加了明星分析师的话语权，减少其行为背后的利益冲突。投资者也通过这个平台，掌握更多关于分析师预测能力的信息，降低了其信息筛选的成本，从而提高了信息传播的质量和效率。分析师的外部市场评选活动对资本市场有效运行以及健康发展起着重要的推动作用。

第三章 文献综述

第一节 分析师的信息中介作用

一、分析师信息有用性

分析师作为资本市场上最重要的信息中介,最根本的职责是凭借其专业能力,通过对私有信息的发掘、公开的信息的解读,把处理过的信息以研究报告的方式提供给市场上的参与者,以帮助其作出正确的决策。

分析师作为信息中介,是否对市场投资者的行为构成影响?基于投资者是理性还是非理性的假说,关于分析师预测会怎样影响投资者的行为,有两种不同的理论解释。投资者理性假说学派认为,分析师通过预测报告的信息内容来影响投资者的行为,或降低了投资者之间的信息不对称(Tetlock,2010),或异质信念投资者对同样的信息进行了不同的解读(Miller,1977;Scheinkman 和 Xiong,2003;Banerjee 和 Kremer,2010)。而行为金融学派则对投资者理性持怀疑态度,认为投资者不会区分分析师预测的信息含量高低,而只是被动地接受分析师的建议和观点。

那么分析师是否为投资者提供了有用的信息呢?无论是实务界、监管层,还是学术界,都对这个问题给予了高度的关注。为此,学术界做了非常详尽的研究,其理论与实证也还在不断的推进和完善。本研究主要从研究报告引起的市场反应角度、影响因素角度、市场有效性角度以及作用机制的角度来回顾相关的分析师有用性文献。

1. 分析师研究报告的市场反应

对于分析师的研究报告是否有信息含量，有两种不同的理论观点。市场的有效性假说认为，股票价格能完全和即时地反映所有可用信息，分析师专业的投资建议并不具有任何经济价值，按照其建议买卖股票，并不能获取显著的超额收益，因而，认为分析师的预测并无信息含量。而另外一部分文献，则从成本效益的角度出发，认为，即便分析师的投资建议完全基于公开信息，只要分析师收集和处理信息的边际成本低于投资者个人预期的边际成本，分析师的研究报告就能为投资者提供信息内容（MilIon 和 Thakor，1985；Stickel，1986；Liu 等，1990）。

早期的研究发现更多的是支持市场有效性假说。Diefenbach（1972）研究券商荐股跨度 52 周的市场表现，其结果表明，总体而言，分析师荐股并没有打败市场，其建议并不是投资理念的有用来源。Logue 和 Tuttle（1973）、Bidwell（1977）等都有类似的发现，即分析师的股票推荐并不能带来超额收益，分析师并没有比一般投资者做得更好，其预测并不具有信息含量。

然而早期的研究，由于数据的不完善，所选的样本数量较少，观察的窗口期也通常以月度甚至年度为时间间隔，缺乏对市场反应时间的考虑。因而，后续的研究，更多地是在一个相对更短的时间窗口考察分析师研究报告引起的市场反应。而后期的研究，更多地发现分析师预测能够为投资者提供有价值的信息。

Liu 等（1990）研究了分析师在《华尔街日报》"华尔街听闻"专栏中的股票推荐对股价的影响，发现在杂志出版日，其荐股能够影响股价，而出版的前两天，也引发了股价的显著反应，虽然其值较小；而这几天的显著异常回报率和更高的交易量相关；股票价格的反应与买入和卖出的投资建议相对应；单一公司股票推荐对股价的影响要大于多公司推荐。

Womack（1996）以美国 14 家大型券商发布的投资评级为对象，研究投资评级首次公告对市场产生的影响，其实证发现，投资评级之前的价格和最终的价值之间存在着显著的系统性差异。投资评级首次发布带来的初始回报非常大，尽管该投资评级公告时鲜少伴有新的公开消息或提供之前无法获取的事实。但是，这一初始市场反应并不完整，对于购买建议，平均的事件日后股价漂移是适度的 +2.4% 以及短期的，而对于卖出建议，其漂移高达 -9.1% 并持续 6 个月。这意味着，分析师具有挑选市场时机和选取股票的能力。

Abdelkhalik 和 Ajinkya 等（1982）利用美林证券分析师在 1977—1978 年发布的 228 个平均预测调整来研究盈余预测调整的首次公告及其二次传播对股价的影响情况。研究发现更早知道盈利预测调整可以带来更高的投资回报率；在信息披露的时间，盈利预测的二次传播仍然能提供部分信息内容；此外，同时从公共来源获得的信息并未产生与盈利预测调整等效的投资回报，这表明预测调整所含的信息并不能从其他公开信息中推断出来。

Stickel（1991）发现分析师发布的盈余预测调整能引起股价的变化，但是，股价并不能即时充分地吸收该信息；盈余预测调整的幅度越大，引起的股价变化也越大；此外，在预测调整后的 6 个月内，股价仍然沿着预测调整的方向继续漂移；另外，股价反应并没有包含所有公开信息。个人分析师预测调整引起的股价即时反应，意味着，与考虑了新增信息的更新版本的当前预测相比，分析师最开始发布的当期预测能更好地度量市场对分析师下一次预测的预期。

把分析师的盈余预测调整和投资评级调整作为相互独立的信息来研究其所含的信息含量，这样的做法忽视了两者的相互关系。事实上，无论是投资评级调整，还是盈利预测调整，都是分析师研究报告中的两个重要观点，研究报告中的其他内容是围绕着这两个判断来提供支持性的证据。将两个预测信息放在一起研究，可能更能反映出分析师预测的信息含量。

出于这样的考量，Francis 和 Soffer（1997）将投资评级和盈余预测调整放在一起，研究其中一个信号给定的情况下，投资者对另一个信号的反应情况。以 576 份分析师报告为样本，其结果发现，投资评级和盈余预测调整一起解释了公告日前后一天（−1，+1）约 5% 的累计异常回报率变化；当分析师仅提供投资评级而不提供估值时，虽然丢失了部分信息，但是投资评级仍然提供了有用的信息——控制盈余预测调整后，度量投资评级水平和调整变动的变量仍然能显著解释累积异常回报率的部分变化；而进一步的检验表明，这一信息来源于投资评级的调整变动（而非其级别）；此外，相较于伴随持有或卖出建议的盈余预测调整，投资者更重视伴有购买建议的盈余预测调整。

研究报告是分析师收集、评估以及传播与公司未来业绩相关信息的整个过程的汇总。除了盈利预测、投资评级（包括买入、持有、卖出）以及目标价格这三个关键的综合指标，大部分研究报告通常还会提供大量的定量和定性分析来支持这些综合指标。因而，仅仅研究其中的关键指标的信息含量，并不能全面地了解分析师研究报告的信息价值。

Asquith 等（2005）将研究对象进一步扩展到包括论证内容、目标价格等在内的所有组成部分。他们发现，盈余预测、投资评级和目标价格的变化都为市场提供了独立的信息；特别是，纳入分析师目标价格的变化会大大提高仅以盈利预测调整和离散的荐股进行回归的模型的拟合度；而报告中的其他信息，例如支持分析师意见的书面论据的强度，也很重要，报告中提及的论据越充分有力，报告引起的市场反应越大；加入分析师支持意见的理由后，市场仍然对目标价格的变化做出强烈的反应，但是盈余预测和投资评级调整的重要性则降低甚至在某些模型中消失。文章还发现在研究报告中，分析师既提供了新的信息，又解释了以前发布的信息。

考虑到多数分析师研究报告是在公司信息披露后即时公告的，部分研究以公司核心事件公告后分析师即时发布的预测报告为研究对象，探讨分析师是否提供了有用信息。

Altinkilic 和 Hansen（2009）指出，将近80%的评级调整是对公司的事件公告做出的反应（投资评级的调整经常发生在有关公司投资收益的公告事件之后的几个小时），因此，很难区分市场反应是由新的信息引起的还是股票推荐调整引起的。为了区分这二者的影响，他们选用了更短的窗口来看评级调整的市场反应，例如40分钟、一小时、两小时等，其结果发现，投资评级调整在40分钟的窗口中引起的市场回报率在经济上并不重要，调低带来的回报率仅为-0.03%，而调高则为0.03%，在一个小时、两个小时的更长窗口中，分析师投资评级调整带来的回报率也并不重要。这一实证结果意味着，投资评级调整带来的市场反应更多地是由公司事件引起的，而评级调整本身向市场传递的消息是非常有限的。他们提出，分析师调整投资评级的行为可能更多地是出于营销的目的，而非信息传递的目的。

针对 Altinkilic 和 Hansen（2009）的研究，Yezegel（2015）探讨了分析师背后的动机，其实证发现，当投资者的需求增加、盈余公告提供的信息量相对更高以及分析师发现错误定价时，分析师会在盈余公告后调整股票推荐。因而，

Yezegel（2015）认为，分析师是出于提供信息的考虑才会在盈余公告后调整投资评级，尽管这一调整提供的信息有限。

Altinkilic 等（2013）利用公告日当天的日回报率来检验分析师盈余预测调整的信息含量，发现分析师预测调整传递的新信息也是非常有限的。由于分析师的盈余预测调整往往紧随公司核心事件（盈余公告或管理层指引）的公告之后，为了排除近期事件的影响，他们指出，用短窗口（40 分钟）可以使研究结论更为可靠，其研究发现分析师预测调整带来的回报率尚不能弥补交易成本。因而，他们对分析师为大众提供信息的能力持怀疑态度。

分析师预测只是投资者众多信息来源中的一种，投资者更多地是通过对所获信息之间的相互验证来形成自己的理性预测。因而，单独只考虑分析师预测的信息含量，并不恰当，更多地应该是考虑分析师预测和其他信息的相互作用。

Lobo 等（2017）把分析师预测和公司的实际盈余相联系，并提出分析师预测调整能够帮助市场参与者更好地了解当期的未预期盈余对公司未来业绩的影响。他们用实际 EPS 减去最接近盈余公告日的分析师预测 EPS 来度量未预期盈余，并用公告后 0 和 +1 天的分析师发布的 $t+1$ 年盈余预测均值和公告前预测的 $t+1$ 年盈余均值的差异来度量分析师预测调整。如果未预期盈余为正（负），且预测调整为正（负），则将该调整视为强化型预测调整（reinforcing analyst revision），同样，如果未预期盈余和预测调整的方向相反，则将该调整视为驳斥型预测调整（contradicting analyst revision）。强化型预测调整（驳斥型预测调整）意味着分析师认为公司当期的未预期盈余更可能（更不可能）持续到未来。Lobo 等（2017）发现伴随着强化型（驳斥型）分析师预测调整的盈余公告的盈余反应系数更高（低），其证据表明，投资者会综合考虑盈余报告以及相应的分析师预测调整所含的信息来修正其对公司未来业绩的预期。

国内关于分析师预测信息含量的研究，主要集中在盈余预测和投资评级上。

蔡庆丰和陈娇（2011）采用事件研究方法，考察了我国 2006—2010 年近 6000 份分析师研究报告引起的市场反应，其实证结果表明，分析师在调整投资评级时存在着对市场信息的复述行为，向投资者提供的新信息有限，而投资者按照分析师的建议买卖股票所获取的超额报酬也十分有限；分析师复述市场的行为以及研究报告信息含量低的原因在于机构投资者等的利益冲突、研究行业粗放的运作模式以及分析师流动性高等因素。

2. 分析师信息有用性的影响因素

目前，学术界基本形成了共识，分析师预测在一定程度上确实影响了投资者的行为，进而引起了市场反应。因此，接下来学者开始关注哪些因素会影响分析师预测的信息含量。

Frankel 等（2006）发现，当潜在的经纪公司利润更高时，分析师预测报告会更具信息含量，而当信息处理成本增加时，其预测报告的信息含量则更低。具体而言，投资者对私有信息的需求增加（具体表现为收益波动率增加、交易量增加）会促使分析师提供更具信息含量的预测报告；而当公司股价同步性高、被追踪公司的业务更复杂时，分析师预测报告的信息含量则会降低。此外，他们还发现，分析师研究报告的信息量和公司财务报告的信息量是互为补充的，即当上市公司更及时呈报财务报告时，分析师的预测报告也会提供更多的信息；与正向的盈余预测调整相比，分析师发布的负向盈余调整更具信息含量，这意味着与负面的盈余调整相比，市场更多地预见分析师进行正向调整，或者说市场对盈余的正向调整更持怀疑态度。

Louis 等（2013）分别从分析师的角度和客户需求的角度来分析分析师是否会为了预测的有用性而牺牲预测的准确性。分析师的首要职能是为投资者提供有价值的信息，而公司可能的盈余管理使其报告利润并不总是代表分析师对公司业绩的最佳估计。"全美分析师"排名可能会激励分析师提供有用预测，简单的复述已公告盈余虽然会增加预测准确度但并不能使分析师最有用，而通过简单的确认公告收益来提高预测准确度并不能为投资者带来价值。长期投资者关注公司的价值，他们需要能够帮助其对公司真实价值作出判断的信息，而这类客户恰恰是分析师研究报告的目标群体。而短期的利润信息对短期投资者非常有用，分析师可以通过电话、电子邮件等方式与这些客户交流。其结果表明，分析师会为了校正感知的盈余管理而偏离管理层指导，虽然该偏离降低了预测准确性，但提高了预测的信息含量。

Bradley 等（2014）则从数据库 IBES 延迟记录分析师投资评级发布时间点的角度出发，提出按照该数据进行的研究会低估分析师的信息价值，甚至得到错误结论。利用手工收集的分析师荐股发布的时间点，研究分析师荐股是否具有信息含量，他们发现，平均而言，IBES 数据库记录的分析师荐股时间延误了 2.4 个小时。利用更准确的数据重新检验荐股引起的市场反应后，其实证表明，升级（降级）带来的 30 分钟市场回报率为 1.83%（-2.10%），而 IBES 数据得到的市场回报率则为-0.07%（-0.009%）；采用 Lee 和 Mykland（2008）的非参数跳跃检测测试，使用以 15 分钟频率采样的股票价格来识别跳跃，在删除可能被重叠事件污染的跳跃后，其结果发现，25% 的分析师荐股，16% 的收入公告和 10% 的管理指导公告与跳跃相关联，即分析师荐股引起股价跳跃的频率更高。这些结果表明分析师荐股比其他信息源更具市场影响力。

Loh 和 Stulz（2018）则从环境不确定性的角度研究分析师预测在经济状况恶化时是否会更具价值。一方面，卖方分析师的信息有用性及其表现取决于经济状况恶化时分析师的作用，从某种程度上来说，是在宏观环境不确定性增加的情况下尽可能了解公司的情况，因而，分析师在困难时期可能会变得更加重要和努力。另一方面，不确定性的增加可能会使分析师更难以履行其职责，经济困难时期交易量以及证券公司利润的下降可能会降低绩效奖励，从而减少分析师的行为激励。其实证结果发现，分析师的荐股调整以及盈余预测调整在困难时期会引起更大的市场反应，每单位不确定性的盈利预测误差会下降，分析师报告会更频繁和更长，对于难以估值的公司而言，分析师的影响更加显著。这些结果表明，在困难时期，分析师会更加努力工作，投资者会更加依赖分析师。

方军雄等（2018）从投资者有限注意力的角度，研究竞争性信息的存在是否会损害投资者对分析师研究报告的反应。他们发现，市场上同一天的分析师报告越多，单个分析师评级报告引起的投资者即时反应越弱，而滞后反应的程度则越大，这意味着，竞争性信息的存在分散了投资者的注意力，从而导致市场对研究报告信息的反应不足。进一步的研究发现，在分析师正面推荐和负面推荐中，投资者注意力分散现象的表现不同；对于机构持股比例较低、同行业竞争信息较多、可见性较差的公司，更可能出现竞争性信息造成的投资者注意力分散现象。

还有部分文献从分析师个人特征的角度，如预测的准确性、预测的一致性、是否为明星分析师等，来探讨分析师不同特征对其研究报告信息有用性的影响。

Stickel（1992）研究了机构投资杂志评选的全美研究团队分析师相对于其他

分析师的业绩表现，分别用预测准确性、预测发布的频率以及预测调整对股价的影响这三个指标来度量分析师的业绩，其实证发现，与其他分析师相比，全美分析师提供的盈余预测更准确、频率也更高。大幅上调预测修正后的前 11 天的异常收益表明，全美分析师对股票价格的平均影响比非全美分析师高 0.21%，然而，大幅下调的预测修正，回报并无差异。

Park 和 Stice（2000）将分析师先前的盈余预测能力与之后的盈余预测引起的市场反应幅度相联系。如果分析师前两年对某公司的预测比一致预测更接近实际盈余的概率在 80% 或以上，则认为该分析师是该公司的优秀分析师。他们发现在盈余公告前 30 天内，优秀分析师的预测调整对股价的影响要大于其他分析师的预测调整，而在盈余公告后 30 天内，先前的预测能力对股价并无影响。在进一步研究分析师对某公司的突出预测能力是否有外溢效应时，则并没有找到相关证据表明分析师对特定公司的突出预测能力会导致其对其他公司的预测调整也引起更大的市场反应。这一结果意味着分析师的优秀预测能力可能只和特定公司的收益有关。

Clement 和 Tse（2003）则研究影响分析师预测准确性的因素是否对预测调整引起的投资者反应造成影响，他们发现，在与预测准确性相关的因素中，只有一些分析师特征与预测调整引起的回报反应相关；预测准确性并不是影响股价对预测调整的反应的唯一决定因素，比如，投资者对大型证券公司分析师预测的反应大于被证实为预测准确分析师的预测。此外，与分析师预测准确性相关的预测频率、公司经验、分析师追踪的公司以及行业数量等因素并不影响预测调整带来的市场反应。预测调整带来的市场反应反而取决于预测准确性的负面影响因素，尤其是预测及时性、距离上次预测过去的天数。这些证据表明预测准确性对投资者的影响并不如想象中那么重要。

Hilary 和 Hsu（2013）则认为，分析师预测的信息有用性不应该基于预测的准确性，而是基于预测所含的信息上。如果投资者遵循贝叶斯法则，预测有用性应该基于意外错误的波动性（贝叶斯术语为信号精度的倒数）所捕捉的分析师传递的一致预测误差程度。例如，分析师 A 提供的预测一直比实际收益低 3 美分，而分析师 B 提供的预测在一半时间比实际收益高 2 美分，一半时间比实际收益低 2 美分。尽管分析师 A 的预测准确度低于分析师 B，但分析师 A 的预测更有用，因为它们可以预测真实收益的转变。因此，只要投资者能够解决系统偏差，那些提供一致预测错误的分析师所做的盈利预测产生更大的影响。文章的实证结果表明，控制了预测准确性后，分析师预测错误的一致性越高，引起的市场反应更大，该分析师被降职的可能性更低，且更可能被评为全明星分析师。

李丽青（2012）利用 2005—2008 年的分析师盈余预测数据，研究明星分析师的盈利预测能力，其实证发现，明星分析师盈余预测的准确性要高于其他分析师，而当预测调整的幅度大于 90% 时，明星分析师发布的盈余预测调整能带来更高的市场反应。其研究结果表明，《新财富》评选出来的明星分析师的预测能力要更强。

李丽青（2013）利用 2005—2008 年的数据，研究明星分析师的投资评级是否更具价值，其实证结果发现，与非明星分析师相比，明星分析师的买入/卖出评级对市场造成的短期影响更大，而明星分析师投资评级的优势在牛市表现得更加显著，但是，在买入/卖出评级的长期投资价值上，二者并无显著差异。这表明分析师的声誉能够正面影响投资评级的市场反应，而明星分析师的投资评级在短期更具投资价值。

李勇等（2015）以 2003 年至 2011 年分析师的投资评级数据样本进行研究。研究表明明星分析师的投资评级更具价值的原因在于他们更专业，而不是运气、信息披露以及"内幕消息"等因素。

3. 分析师是否促使资本市场更为有效

根据市场有效性假说，股票价格能完全和即时地反映所有可用信息，分析师的专业预测并不具有任何价值。但是，这一假说是建立在交易成本为零、市场参与者所持的信念一致、信息可得性对所有市场参与者都是完全一样等严格的前提条件之上。但是，现实中资本市场的运行与这些条件假设相差甚远，因此，理论界试图放宽其中的一些条件使其更能符合实际。

为分析师在资本市场中所发挥的作用提供理论基础的则是 Grossman 和 Stiglitz（1980）的研究，他们放松了市场有效性前提假设中的完全信息假设，认为市场中存在信息不对称和信息收集成本，并通过模型推导证明，在市场均衡的条件下，股价只能反映知情交易者所掌握的部分私有信息，而那些花费资源去获取信息的群体会因此得到回报，而股价的有效性则取决于市场中知情交易者的多少。

分析师专门从事信息的搜集、处理和分析活动，并以此来获取报酬，而投资者则为获取的信息支付费用，并基于分析师提供的信息内容进行投资决策，从而将信息反映到股价之中。

（1）分析师与公告后的股价漂移

市场有效理论认为，在一个半强型有效市场中，一旦出现新的信息，投资者会立即调整对未来盈余的预期，而这一调整又会即时地反映在股价中。然而，人们发现很多与该预测不一致的证据，其中最为持续的股价异象是盈余公告后漂移现象。

Ball 和 Brown（1968）发现，盈余公告日后的很长一段时间，股票的价格仍然在漂移。对发布的盈余公告为"好消息"的公司，其累积超额回报在盈余公告后仍然持续地正向增加，发布的盈余公告为"坏消息"的公司，其累积超额回报率则持续地减少。

随后，学者们用不同的方法，包括更新最近的数据库等，重新进行了检验，但是这一异象仍然存在。Fama（1998）指出，盈余公告日后的股价漂移这一异象的存在是毋庸置疑的。部分学者探讨了分析师在缓解或加剧盈余公告后股价漂移中的作用。

Abarbanell 和 Bernard（1992）从分析师对盈余公告是否会过度反应或反应不足的角度，来研究分析师对盈余公告后股价的漂移的影响。他们发现，分析师对公告盈余反应不足，而分析师的反应不足影响了盈余公告后的股价漂移，但至多只能解释股价漂移幅度的一半。

分析师对盈余公告的反应不足至少体现在两个方面：一个是对盈余公告信息量的反应不足；一个是在时间上的反应速度不足，具体为在盈余公告后多久才公告盈余预测的调整。如果反应速度不足，那么即便分析师的预测调整完整地反映了盈余公告中的信息量，只要时间过长，这一调整仍然是无效的。Zhang（2008）发现，在横截面上，分析师的反应速度存在明显差异，而分析师盈余公告后盈余调整反应的速度越快，事件窗口期间的市场反应越大，而之后的股价漂移幅度越小，这意味着分析师对盈余公告的回应速度能够减轻盈余公告后的价格漂移，从而提高了市场效率。

Gleason 和 Lee（2003）研究了分析师盈余预测调整公告后价格漂移的影响因素，其结果发现，市场并没有充分区分分析师盈余调整中所含信息量的大小；与辨识度低但准确度高的分析师相比，明星分析师发布的盈余预测调整引起的市场价格调整更为快速和完整；控制了其他因素后，对于更多分析师追踪的公司，其股票的价格调整过程更快、更完整；最后，在迟滞的股价调整中，很大一部分调整是发生在随后的盈余公告日和预测调整日。这些结果表明，盈利调整信号的某些因素可能会降低价格发现的效率，特别是在更少分析师追踪的公司，而随后的与收益相关的事件则类似于价格发现过程的催化剂。

（2）分析师与股价同步性

股价中反映了市场层面、行业层面以及公司层面的信息（Morck 等，2000；Piotroski 和 Roulstone，2004；Crawford 等，2012），其中，股价对公司信息的反映程度是衡量资本市场运行效率的一个重要指标（Mork 等，2000；朱红军等，2007）。股价的同步性是股价在多大程度上反映了公司特质信息的一个重要表现，股价融入的公司信息越多，股价的同步性越低（Roll，1988；Mork 等，2000；Piotroski 和 Roulstone，2004；朱红军等，2007；Crawford 等，2012；伊志宏等，2019）。由于分析师是资本市场最重要的信息中介之一，承担着向投资者传递公司信息的职责，因而，理论上来说，分析师的信息生产活动能够影响股价的同步性。

在分析师对股价同步性的影响的实证研究中，现有文献得到的结论并不一致。Piotroski 和 Roulstone（2004）认为分析师可能更关注获取市场整体和行业层面的信息，分析师对公司的跟踪会提高股价的同步性。Chan 和 Hameed（2006）通过考察新兴市场上股票价格同步性与分析师活动之间的关系，得到了类似的结论。

Crawford 等（2012）从分析师首次跟踪的角度来研究分析师提供的信息类型。他们指出，当首次跟踪某一未被其他分析师跟踪（新的首次跟踪）的公司时，分析师提供的是低成本的市场与行业信息；当首次跟踪已经有其他分析师在跟踪的公司（追随的首次跟踪）时，为了使自己与已有分析师相区分，分析师更可能提供公司特定信息。其研究结果表明，分析师在首次追踪公司时，其提供的信息类型取决于其他分析师提供的信息。

Xu 等（2013）通过考察研究明星分析师是否能提供更多公司特有信息，来研究不同分析师群体对股价同步性的影响。明星分析师，由于其优异的公司特定人力成本，在生产公司特质信息方面的能力可能要优于其他分析师，因此明星分析师跟踪可以提供更多的公司特定信息，从而降低该公司的股价同步性。他们把分析师分为"明星"分析师和"非明星"分析师，通过检验更多明星分析师跟踪的公司表现出的股价同步性是否显著低于更多非明星分析师跟踪的公司，来研究这两个群体产生的公司特定信息是否存在差异。其实证结果发现，更多的明星分析师跟踪降低了股票收益的同步性，但更多的非明星分析师跟踪反而增加了股票收益的同步性，其原因可能是明星分析师能够将公司特定信息流增加到股票价格中，而非明星分析师为股票价格形成过程提供了更多的市场或行业信息；此外，明星分析师对公司特定信息的优势主要来自公司特定的经验和一般经验，而不是来自他们的行业特定经验。

朱红军等（2007）通过考察 1995—2005 年分析师跟踪人数和股价同步性之间的关系，得出分析师的跟踪显著降低了股价的同步性的结论。

伊志宏等（2013）的研究表明明星分析师为投资者提供更多与公司特质相关的信息，但是，在行业信息层面这两类分析师则并无差别。明星分析师追踪的公司数量越少，其与市场反应中公司特质信息成分的正相关性越显著，这意味着分析师挖掘更多公司特质信息的一个重要因素就是专注度。

伊志宏等（2019）借助文本分类的方法研究分析师预测报告的内容对股价同步性的影响。其结果表明，分析师预测报告所含的公司特质信息量越高，越能降低该公司的股价同步性；公司信息不对称问题的严重性，以及分析师报告本身的影响力，都会显著增强这一负相关关系。进一步的研究发现，分析师的能力越强，提供的公司特质信息也越多，盈利预测的准确性也会越高；分析师降低公司股价同步性的原因，在于投资者更关注公司特质信息含量高的报告，并对此做出更强烈的反应，从而促使股价吸收更多有关公司特质的信息。

4. 分析师预测的估值有用性

部分文献从分析师预测在基于会计信息的估值模型中的作用来研究分析师预测的信息有用性。

由于分析师盈余预测反映的是公司的前瞻性信息，因此，基于会计信息的估值模型通常会使用分析师盈余预测来代表对公司前景的估计。Cheng（2005）把22个已被证实对估值有用的项目分为6大类：经济租金变量、保守会计变量、盈余质量信号、短期盈余变量、行业特征以及风险和成长性的变量，根据这些信息源来评估分析师预测在预测未来收益和解释市值对账面比率方面的有用性和局限性，其结果证实了分析师预测作为前瞻性信息的简化代理变量在会计信息估值中的有用性。

二、分析师信息有用性的作用机制

分析师研究报告的价值来源于两个方面：一是分析师可能更擅长分析公共信息中所包含的价值相关信息；二是分析师可能更具能力去收集投资者无法轻易获取的各种信息，并有效处理这些信息。

部分文献从分析师研究报告与公司公开信息披露的相关关系出发，研究分析师的信息有用性是更多地体现在公开信息解读上还是在私有信息发现上。

Francis 等（2002）首次直接考察分析师预测是否会降低甚至消除公司财务报告的信息含量。利用公告日当天的异常回报的绝对值来度量信息量，分别用异常回报绝对值的平均值和总量来考察分析师预测和公司财务报告信息量之间的关系，由此得到结论：分析师预测在更多程度上是对公开信息的解读，而不是对私有信息的发掘。

Amiram 等（2016）从分析师预测报告是否会降低投资者之间信息不对称的角度来研究分析师的信息有用性，结果发现分析师预测对不熟练投资者的帮助更大。投资者对信息的处理能力存在差异，因此，公司信息的发布在短期内对投资者间信息不对称的影响取决于该信息包含多少新信息。相较于盈余公告和管理层预测，分析师预测报告中包含相对更大比例的是老练投资者已知的信息，而这些信息仅对不熟练投资者而言是新的，因此，分析师预测能够降低不熟练投资者和老练投资者之间的信息不对称。

Livnat 和 Zhang（2012）利用更丰富的公司公开披露信息集来研究分析师的信息发现和信息解读这两种角色。通过研究手工收集的 200 个分析师预测的随机样本，他们发现，78.5%的分析师报告提到盈余预测是基于其对新发布信息披露的理解；在 1996—2010 年的上百万份分析师预测调整中，有 56% 是在公司信息披露之后的 3 个交易日内。分析师紧随公司公开披露而迅速调整盈余预测的事实也凸显了分析师自身对其及时解读公共信息的作用的强调。在进一步研究市场是否对公司披露之后及时发布的预测调整和非公司披露后发布的预测调整做出不同的反应时，他们发现，平均而言，与非公司信息披露后发布的分析师预测相比，投资者对紧随公司信息披露后发布的分析师预测的反应更强烈（高 30%），尤其是对盈余公告或当期报表公告后即时发布的预测报告。这些结果表明，与分析师的信息发现的能力相比，投资者更看重分析师解读公共信息的能力。

胡奕明等（2003a）对国内证券分析师进行了问卷调查，其结果发现，我国分析师更偏向于解读公开信息，而较少通过直接接触来挖掘私有信息。

胡奕明等（2003b）对分析师发布的"年报分析"进行研究，他们发现，总体上，我国分析师对公开信息的解读能力在提高，但是分析师很少根据自己的分析结果给出具体的买卖建议。

Ivkovic 和 Jegadeesh（2004）比较了分析师在不同时点发布的季度盈余预测以及股票推荐的信息量，以研究分析师研究报告的价值来源。如果分析师的价值来源于其解读公共信息的能力，那么这一能力会在公司信息披露后立即凸显出来，因而，相较于接近盈余公告日前发布的预测报告，盈余公告后即时发布的预测报告会引起更强的市场反应。如果分析师的价值在于搜集以及处理投资者无法轻易获取的各种信息，那么股价应该对盈余公告期外的盈余调整做出更强的反应。以盈余公告日为基点，他们发现，预测调整在盈余公告后的一周内信息量最少，而其信息内容则随着事件时间的推移而增加，而盈余公告前一周的盈余预测上调以及投资评级升级的信息内容急剧增加，但是并未发现盈余预测下调或投资降级信息量的类似增加。

Chen 等（2010）通过研究分析师报告和公司披露之间的关系，探讨分析师信息发现和信息解读这两种角色的相对重要性。利用股票市场反应来度量信息量，其实证发现，在公司盈余公告的前一周，分析师的信息发现的作用占主导，而盈余公告后一周，信息解读功能的重要性上升。围绕着盈余公告日所有交易周的研究则表明，分析师对私有信息的发现在总体上更为重要。Chen 等（2010）的发现和 Francis 等（2002）的发现相反，原因在于，Francis 等（2002）的研究设计存在两个偏差，从而导致分析师预测的信息含量和公司盈余公告的信息含量之间的关系偏向正相关性：一个偏差来自样本构成，样本中的一些公司的年度数据少于 4 个季度，从而人为地导致年度汇总的信息含量之间的正向联动变化；一个偏差来源于分析师预测报告发布和盈余公告的同时性，公司盈余公告信息量高的季度也会吸引更多获取私有信息的活动。

第二节 分析师的外部治理作用

分析师的治理有用性研究主要关注分析师的研究活动是否会影响公司管理层的行为，从而降低公司的代理成本，具体体现在是否改善了公司的盈余管理、优化了公司的投资决策等。

分析师可作为有效的外部监督发挥公司治理的作用。Healy 和 Palepu（2001）、Lang 等（2004）指出，分析师的监督效应并不是通过直接的监督活动产生，而是源于证券分析师私有信息生产可以发现管理者对公司资源的滥用。

分析师可以通过至少两个机制来发挥外部治理的作用。首先，分析师定期跟踪公司的财务报表，并通过收益公告电话会议直接与管理层联系并提问，这一活动可视为对管理层的直接监督；其次，分析师通过研究报告向机构投资者和个人投资者发送更多公司特质信息，这些信息可使投资者更容易发现管理层的利益不一致行为，从而提供间接监督。分析师的直接监督和间接监督对公司治理都是非常重要的（Chen 等，2015）。大多数文献主要是探讨分析师跟踪以及分析师现金流量预测活动带来的外部监督作用。

一、分析师跟踪的治理有用性

关于分析师追踪对公司行为影响的研究，有两种相关的理论观点。一种观点认为，分析师有动机去进行准确的预测，以建立自己的声誉，从而带来薪酬的增加。为了达到这一目的，分析师努力获取私有信息并审查公司的公开信息，进而降低了信息不对称以及改善了股价中的信息量（Francis 和 Soffer，1997；Hong 等，2000；Ayers 和 Freeman，2003；Piotroski 和 Roulstone，2004）。另外一种观点认为，分析师追踪本身存在行为偏差，包括羊群行为、反羊群行为、是否为附属分析师以及乐观性等。这些文章对衡量分析师追踪的质量以及度量偏差的方向具有重要意义。但是，Knyazeva（2007）指出，这些研究并没有告诉我们，高质量的分析师审查是否可以作为一种额外的监督手段，以及一旦这些偏差反映在了分析师追踪质量的度量中，它们是否会影响公司行为。

现有的关于分析师外部治理的文献，几乎没有考虑分析师跟踪背后的行为动机所含的利益冲突，而仅仅是从分析师跟踪本身来分析分析师对公司治理的影响。

部分文献直接从代理成本的角度来检验分析师的外部治理有用性，其逻辑在于：其一，在其他条件不变的情况下，与潜在代理成本低的公司相比，代理问题较大且经济后果较严重的公司，分析师的外部监督更具价值，因而分析师的研究活动会更多；其二，分析师监督活动的需求和信息的潜在经济价值相关。

Moyer 等（1989）最早用实证检验的方法检验分析师治理作用假说，他们从代理成本以及信息需求的角度来研究影响证券分析师监督活动的决定因素。由于公司的两权分离度、公司的增长率以及公司的资产负债率都能够反映公司的代理问题的严重程度，因此，通过检验这三者与分析师跟踪的关系，可以检验分析师是否能够发挥公司治理的作用。其实证结果发现，公司内部人持股比例及负债率都与分析师跟踪负相关，公司成长性则和分析师跟踪正相关。这意味着，在公司存在潜在的代理问题时，分析师的确能发挥外部监督的公司治理作用。

Chang 等（2000）对 47 个国家的分析师活动及其绩效进行研究。研究发现与大陆法系国家相比，英美法系国家的平均每个公司的分析师跟踪数量更少，这可能意味着分析师在投资者保护差的国家发挥了更重要的作用。

Lang 等（2004）用来自 27 个国家的 2500 多家公司的样本进行研究，发现分析师不太可能关注那些有潜在动机隐瞒或操纵信息的公司，对于来自股东保护程度低的国家的公司，这种关系更为强烈；对于那些公司内部治理差且外部的国家治理环境差的公司，分析师跟踪能为公司估值带来正面效应。其研究结果表明，增加的分析师跟踪与公司的估值正相关，特别是对于可能面临治理问题的公司。

Jung 等（2012）发现分析师追踪和公司价值正相关，他们采用了两种研究来检验分析师的监督效应能否解释这一正相关关系。首先，研究这一正相关关系是否会随着代理成本不同的资产而变化，如果分析师的监督效应可以解释这一正相关性，那么现金的相关系应该大于其他资产，因为管理层在流动资产的使用上具有更多的自由裁量权和更低的交易成本；其次，研究分析师跟踪与随后的经营业绩以及资产的总支出的关系，如果分析师追踪确实限制了管理层的资产浪费行为并激励他们更有效地使用资产，那么追踪公司的分析师越多，其后续的经营业绩应该更高。其实证结果表明，分析师对公司价值的正面影响主要是由现金所驱动，这也意味着股票市场更重视分析师对现金使用的监督效应。

Li 和 You（2015）用未来实际利润和分析师追踪变化之前的一致预测的差异来度量公司基本面的变化、用买卖价差中逆向选择部分的变化来度量信息不对称、用机构投资者持股的广度的变化来度量投资者认同度的变化。文章的单变量检验表明，和控制样本相比，首次分析师跟踪（外生引起的失去分析师跟踪）的公司在随后一年的信息不对称显著降低（升高）、投资者认同度显著上升（降低）。而相反，在分析师首次跟踪的公司，其基本面的变化和对照样本之间并无差异，而外生失去分析师跟踪的公司的基本面变化则比对照样本更大。文章的实证结果表明，分析师是通过增加投资者认同度来增加公司价值的；即使分析师能够对管理层进行外部监督，但也并不能改善公司的基本面。

部分文献则从分析师追踪和传统的公司治理机制的相互关系来考察分析师追踪的外部监督作用。分析师追踪通过两种渠道发挥作用：一个是通过分析师追踪和公司内部或外部治理机制的互动。分析师追踪的信息作用可以加强传统治理机制的监督和约束作用，通过这种方式，分析师的信息获取活动降低了传统治理机制的监督成本以及提高了其约束力。这意味着，分析师的治理作用和传统的治理机制互为补充。另一个渠道是通过提高股价的信息量。分析师对管理层监督的能力来源于其盈余预测中的信息披露，而与机构投资者的持股、董事会独立性或者公司收购无关。由于公司治理和分析师跟踪都能改善管理层的行为动机，在一方存在的情况下，另一方对管理层动机和行为的增量影响都是有限的。因此，这意味着分析师和公司治理机制的效应是互为替代的（Knyazeva，2007）。

Knyazeva（2007）对两种机制进行了检验，发现公司治理和分析师追踪在公司行为的影响上是互为替代的。他们发现，分析师跟踪有助于提高公司的利润率并积极地影响公司行为；分析师追踪会对公司的资本结构决策产生积极影响，并且与较低的债务发行、较高的股票发行和整体较低的杠杆率相关，虽然分析师的信息作用也能产生影响，但是这一结果超出了纯粹的信息效应；分析师追踪越多的公司，其保留的现金也更多，因为公司没有为过度投资项目提供现金资金，也不需要通过分红派息来提前承诺；分析师追踪与机构投资者以及董事会监督之间存在极显著的替代效应。这些发现为分析师追踪是管理层监督的替代机制的假说提供了证据支持。

部分学者则直接从分析师追踪对公司管理层盈余管理的行为影响来研究其可能的监督作用。

在 Graham 等（2005）对 401 位财务主管的调查中，大约 90% 的人表示，在影响公司的股价上，分析师要么是最重要的群体，要么是仅次于机构投资者的第二重要群体。

Sun（2009）利用 1990—2007 年来自 24 个国家的 50966 家公司年度样本，研究投资者保护是否会影响分析师在限制盈余管理方面的治理作用，他们发现，与投资者保护较强的国家相比，公司的盈余管理与分析师追踪的负相关关系在投资者保护较弱的国家更为显著。这一发现意味着，在投资者保护较弱的国家，分析师跟踪起着更重要的治理作用，即分析师追踪和投资者保护之间存在替代关系。

Yu（2008）首次通过检验公司分析师追踪人数和盈余管理之间的关系，来研究分析师在公司治理中的作用。一方面，分析师不仅为现有股东，还为潜在的股东以及其他市场参与者提供信息；分析师受到财务、会计以及行业知识背景的专业培训，有资源去研究烦琐的财务报表和复杂的脚注；分析师不断审查管理层的行为和财务报告违规行为，从而提供了一个程度较高的监督水平。这些特征使他们可以有效地监控盈余管理。另一方面，如果分析师的存在给管理者带来了过大的压力，公司的盈余管理行为也可能会随着分析师跟踪数量的增加而增加。实证检验表明，追踪公司的分析师数量越多，公司的盈余管理越少；给定跟踪分析师的数量，来自顶级经纪商的分析师和经验丰富的分析师对盈余管理的影响更大。

Miller（2006）发现，媒体有助于发现公司的会计造假，而分析师的研究报告是媒体主要的信息来源之一。

Dyck 等（2010）收集了 1996 年至 2004 年 216 起涉嫌欺诈且资产超过 7.5 亿

美元的美国公司作为样本，在此基础上研究不同群体在欺诈检测中发挥的作用。他们发现，分析师和审计师所发现的公司欺诈在其样本中的占比为 24%；审计师揭发欺诈所面临的成本较高，一旦审计师揭发所审公司的欺诈行为，则更有可能失去客户，而没有明显的证据表明揭发欺诈能带来更多客户以获得回报；而分析师的职业激励可能更好一些，与追踪同一家公司但未揭发该公司欺诈行为的分析师相比，揭示公司欺诈行为的分析师虽然更不能得到晋升，但是其被降低的可能性也很低。与审计师和 SEC 相比，分析师在发现公司欺诈方面起的作用更大。这些证据表明，分析师除了传递公司信息外还发挥着重要的外部监督作用。

Cheng 和 Subramanyam（2008）研究债券市场中分析师跟踪和企业信息评级之间的关系。他们发现，分析师跟踪与公司的违约风险负相关，而分析师追踪的治理效应在公司内部控制较好时表现更弱。

Irani 和 Oesch（2013）利用证券公司合并这一外生事件引起的分析师追踪减少来研究分析师对公司的外部监督作用。Irani 和 Oesch（2013）利用从 1994 到 2005 年交错发生的证券公司合并事件，确定了 1179 家公司作为对照样本，这些公司同时被合并前的两家证券公司所追踪。利用双差分模型，Irani 和 Oesch（2013）通过比较对照组公司财务报告质量的变化和那些不受合并所影响的等效公司的财务报告质量的变化，来确定分析师追踪减少对财务报告质量的影响。其实证研究结果发现，分析师追踪减少会导致财务报告质量下降，对股东权利薄弱的公司，分析师追踪减少对披露的影响更为显著，这表明分析师对管理层的外部监督对其他的公司治理机制具有替代效应。

Chen 等（2015）同样利用证券公司的关闭以及合并对分析师追踪造成的外生冲击，研究分析师追踪对减轻管理层对外部股东掠夺的因果效应，通过比较证券公司退出市场前一年（$t-1$）和后一年（$t+1$）的监督效果，他们发现，分析师追踪的外生减少降低了公司现金的边际价值，分析师追踪越少，管理层越有可能滥用现金储备；在公司失去分析师之后，CEO 总薪酬和超额薪酬都会显著增加，对于初始分析师追踪人数低的公司，CEO 总薪酬和超额薪酬对业绩的敏感度也降低了；当公司的分析师跟踪外生减少时，管理层更有可能进行价值破坏性的收购，也更有可能进行盈余管理；分析师跟踪外生减少引起的这些变化，主要是由初始分析师追踪较少且产品市场竞争较小的公司推动的。这些证据表明，分析师在监督管理层行为方面发挥着重要作用。

Graham 等（2013）对企业是否进行税收筹划的动机进行研究。其结果发现，当跟踪上市公司的分析师人数较多时，公司行为更多地受到公众的关注和更多的审查。

郑建明等（2015）则从公司业绩预报违规的角度探讨分析师的外部监督作用，其结果表明，分析师跟踪的数量越多，公司业绩预告违规的概率越低；而在同等情况下，明星分析师的跟踪，以及越多来自声誉更高的券商的分析师跟踪等都能强化分析师的这一外部监督作用。

李春涛等（2016）的实证结果表明，分析师为公司的应计盈余管理提供了有效的外部监督，减少了管理层的应计盈余管理。

李琳和张敦力（2017）利用 2008—2013 年上交所和深交所网站公告的公司高级管理层持股变动的信息，以其在二级市场对本公司股票的买卖交易作为初始样本，从内部人交易收益的角度研究分析师跟踪的治理效应。其实证结果发现，分析师跟踪数量的增加会降低内部人交易的获利能力；而分析师外部监督作用受股权结构的影响，无论是国有控股，还是机构投资者的持股，都会显著降低分析师跟踪对内部人交易获利能力的抑制作用。

张娆等（2017）从管理层自利的角度研究了管理层持股变化与管理层盈利预测偏差之间的关系。他们发现，管理层持股发生变化时，公司更可能发布有偏的盈利预测，而分析师追踪能够削弱管理层持股变化和公司盈利预测偏差之间的正相关关系。

刘笑霞和李明辉（2018）利用中国 2008—2015 年非金融类上市公司的数据，研究媒体负面报道以及分析师跟踪是否会影响公司的避税行为。结果发现，不管是媒体的负面报道，还是分析师的跟踪，都会对公司的税收激进度发挥抑制作用。这一结果表明信息中介具有公司治理的作用。此外，文章还发现，媒体的负面报道与分析师跟踪之间的关系是互为补充的。

二、分析师现金流预测的治理有用性

分析师发布现金流预测，相当于为公司报告经营活动现金流进行了专业的外部监督。而分析师的这一监督作用增加了报告现金流对公司外部人员的重要性，因此会规范管理层的经营活动现金流报告，并激励管理层尽可能报告现金流中有关未来公司前景的信息。

Call（2008）研究了分析师现金流预测对经营现金流的可预测性以及定价的影响。分析师提供的现金流量预测有助于规范管理者向公司的外部人员报告信息，因而，分析师的现金流量预测能提高当期现金流对未来现金流量的预测能力。其实证结果发现，对于分析师发布现金流量预测的公司来说，报告现金流量对未来现金流量的预测能力更强，且该预测能力在分析师开始提供现金流量预测时会得到改善；在分析师开始提供现金流量预测的随后几年，公司的异常经营现金流量显著减少。这些发现表明分析师的现金流预测加强了分析师的外部监督作用。

当分析师提供盈余预测和经营现金流量预测时，也隐含地提供了对总运营应计的预测。因此，现金流量预测使公司外部的各方能够更容易地将盈余意外分解为可归因于未预期的现金流量的部分和可归因于异常应计的部分，从而增加了应计部分的透明度。

McInnis 和 Collins（2011）研究分析师的现金流量预测是否提供财务报告的应计质量。分析师提供的现金流量预测有效地约束管理层的盈余管理，通过提高可操纵应计的透明度，提高报告应计的质量。实证结果表明，分析师的现金流量预测提高了财务报告的应计质量，这意味着，分析师的现金流量预测具有公司治理的作用。

Lee（2012）则认为，分析师发布现金流量预测会导致管理层夸大报告的经营活动现金流，其实证结果发现，与其他公司相比，有分析师现金流量预测的公司更有可能提交减少经营现金流量的报表重述，这表明现金流量预测会诱使管理层采取机会主义行为，将公司的现金流量错误分类以夸大报告的经营现金流量。此外，管理者也更有可能在战略上对某些短期交易进行时间安排，从而增加报告的现金流量，其实证结果也发现，为了虚增报告的年终经营现金流量，管理人员在第四季度延迟付款（例如，将现金支付从一年的第四季度推迟到次年的第一季度）并加快第四季度的现金收入（例如，从第一季度转移现金收入）。这些发现意味着，分析师发布的盈余预测报告对公司报告活动的改善有限，甚至可能加剧管理层操纵财务报告的行为。

已有研究虽然发现分析师的现金流量预测能够带来有意义的财务报告结果，但是，这一影响并不太可能惠及现金流量。

Ayers 等（2018）则对分析师现金流量预测是否会鼓励管理者通过避税活动来提升公司的现金流量状况进行考察。其结果发现，与分析师现金流量预测会促进避税以增强公司现金流量健康状况一致，现金的税收支付和分析师现金流量追踪之间存在负相关关系；进一步的分析表明，这种关联主要是由永久避免而不是暂时推迟纳税的策略所推动，并且增加的现金避税活动代表了分析师现金流量追踪开始后报告经营现金流总体增长的一个重要组成部分。这些发现意味着分析师现金流量预测能激励管理层通过避税来改善公司现金流量状况，从而为分析师的外部治理作用提供了证据支持。

三、分析师个人特质的治理有用性

上述文献都把分析师视为同质的，把其作为一个整体来考察分析师的外部监督作用。但是分析师本身的能力存在差异，因而，对公司治理的影响也可能存在不同。

Bradley 等（2017）把分析师分为行业专长和非行业专长分析师，来研究分析师之前的行业经验是否会影响其外部监督的有效性。一方面，有行业经验的分析师可能会提供更有效的外部监督。另一方面，之前的行业工作经验可能会降低分析师对公司管理层的监督。其实证结果发现，分析师之前的行业经验对其发挥有效的监督作用至关重要。具有相关行业经验的分析师追踪能减少公司盈余管理、降低财务虚假陈述的可能性、减少 CEO 的超额薪酬以及提高 CEO 变更对业绩的敏感性。

由于分析师的追踪并不是随机的，这一发现无法排除内生性的影响。利用证券公司合并或关闭事件外生引起的分析师跟踪消失的公司样本，他们发现，公司盈余管理、发生重大财务错报的可能性以及 CEO 超额薪酬的显著上升只与失去行业专长分析师的跟踪相关；其次，行业专长分析师更可能发布现金流量预测，发布现金流量预测的行业专长分析师所追踪的公司甚至展现出更高的财务报告质量；最后，行业专长分析师更有可能偏离管理层指导，该偏离与监督有效性的改善有关。

第三节 分析师的行为偏差与动机

尽管有许多文献表明，分析师预测和股票推荐能够引起显著的市场反应，为投资者提供的预测含有较高的信息量。但是，许多学者也注意到证券分析师的预测表现出系统性的偏差，并由此开始研究其背后的可能原因。

从理论上来说，如果分析师的行为不存在偏差，分析师预测不应该会出现系统性的偏差（Das 等，1998）。因为，即使分析师对公司的预测准确度的确会存在差异，但不准确本身并不会产生偏差，即便是对难以预测的公司而言，也只可能是预测的绝对误差更大。因此，如果分析师发布的预测是其真实、未被扭曲的预期，那么分析师在两个方向（低估和高估未来收益）上的预测错误应该是等同的（Das 等，1998）。

但在实际中，分析师的预测表现出各种偏差，如乐观性预测、羊群预测、激进预测等。这些行为偏差是由什么原因所引起？是否能设计一些机制来限制这些行为偏差？这些问题，无论是监管层、实务界，还是学术界都非常重视。

一、分析师的乐观预测行为

尽管研究表明，分析师的盈余预测更为准确，但是不少研究也发现证券分析师具有明显的乐观性倾向。

Debondt 和 Thaler（1990）最早发现分析师的乐观性倾向，利用 1976 年至 1984 年的市场数据，比较了实际盈利变化和分析师的预测盈利变化，结果发现，分析师的盈余预测表现出过度乐观。Brown 等（1985）、O'Brien（1988）、Butler 和 Lang（1991）、吴东辉和薛祖云（2005）等也发现，证券分析师的盈余预测经常高于上市公司的实际报告盈余。

Kang 等（1994）对分析师在同一时点基于相同信息预测的未来不同时期的盈余进行研究，其结果发现，盈余预测的时间跨度越长，分析师表现得越乐观：分析师对未来 5 期的盈余预测比未来一期的盈余预测更为乐观 0.18 美元（约占平均季度实际 EPS 的 17%），对未来两期的盈余预测更为乐观 0.05 美元（约为平均季度实际 EPS 的 4.7%）。

石桂峰等（2007）则发现，分析师普遍存在乐观性倾向，而公司规模、参与公司预测的机构数量以及公司的盈余管理程度等都会对分析师的乐观性造成不同影响。

二、分析师的羊群预测行为

不同于乐观性预测，分析师的羊群预测行为最早来源于理论的推导。

根据古典经济理论，代理人做出的投资决策是基于自身所掌握的所有可用信息而得到的最优解，投资决策反映了代理人的理性预期。然而，投资决策也很可能是由集体心理所驱动，从而削弱信息与市场结果之间的联系（Scharfstein 和 Stein，1990）。尽管从社会的角度来看，这一从众行为是无效率的，但对代理人而言则是理性行为，因为它有助于维护代理人自身在劳动力市场上的声誉。

Scharfstein 和 Stein（1990）建立了羊群效应-声誉模型来描述代理人的羊群行为。这一模型有两个关键的前提条件：一个是存在关于代理人能力的信息不对称；一个是代理人看重委托人对其感知能力的评价，也即代理人重视自己的声誉。由于代理人关心委托人对自己能力的评价，为了维持自己的声誉，代理人可能会简单地模仿其他代理人的行为，而忽视自己的私有信息。这样做的好处是一旦决策失败，也是"法不责众"。代理人的外部机会缺乏吸引力或者代理人薪酬更倚重对其能力的绝对评价而非相对评价等因素都会加剧代理人的羊群行为。

针对证券分析师，Trueman（1994）指出，分析师并不是如实地按照其私有信息无偏地发布预测报告的，并由此建立模型推断出可能出现的两种结果：一个是在特定情况下，分析师更偏好发布与之前的市场预期相近的盈余预测，即使与其掌握的私有信息相匹配的是更激进的预测；另外一种情况是，与如实地按照自有信息进行预测相比，分析师更可能发布与其他分析师相似的预测。

Zweibel（1995）指出，在代理人能力存在信息不对称以及代理人重视自己声誉的情况下，出于对声誉的考量，代理人往往会采取羊群行为，以使其能力的评估具有准确的评价基准。由于创新行为往往会增加市场对其能力评价的不确定性，因此，大部分代理人往往不愿意创新而趋向墨守成规。

Graham（1999）则对分析师所处的环境以及个人特征是否影响其羊群行为进行了探讨，把分析师分为聪明和迟钝两种类型，并假定外部人员并不了解分析师是属于哪一类。聪明的分析师接收到的私有信号含有与期望收益相关的信息，而迟钝的分析师则是随机地接收无信息含量的信号。由于聪明分析师的信号相互正相关，因此，聪明分析师按照其私人信息所采取的行为非常类似，这意味着，在某些情况下，分析师可以通过羊群行为使自己"看起来很聪明"。在该模型中，分析师的决策有先后顺序，且分析师按照贝叶斯规则来确定自己的最优行动，因此，先前的公共信息是决策过程中的重要输入。此外，私人信号信息之间的相关性也很有用，因为它会影响分析师通过羊群行为使自己看起来的聪明程度。该模型预测，如果分析师声誉较高，或者能力较低，或者公开信息比较强势且与分析师私有信息不一致时，分析师更可能出现羊群行为，而其实证结果和模型预测一致。

Hong 等（2000）最早对分析师职业发展对其羊群行为的影响进行实证研究，其实证结果发现：过去相对业绩表现最差（用过去的预测准确度来度量）的分析师最可能被解雇且最不可能被提拔，且该现象显著存在于入行时间短的分析师中；在控制了预测准确度之后，相较于经验丰富的同行，经验较少的分析师更可能因其相对激进的预测而被解雇。此外，错误且激进的预测对职业发展的损害更大。在这些发现的基础上，他们预测并证实，出于职业发展的担忧，与经验丰富的同行相比，工作经验较少的分析师更可能出现羊群行为，他们所发布的盈余预测更接近一致预测，更不可能及时发布盈余预测，调整其盈余预测的频率也更高。

Kadous 等（2009）借鉴心理学中的"负面偏差"（即人们给予负面消息的权重大于正面消息的权重），预测并发现错误的激进预测带来的成本要大于正确的激进预测带来的收益，从而为分析师的羊群行为的动机提供了间接证据。

Jegadeesh 和 Kim（2010）则研究分析师在投资评级中是否存在羊群行为，其实证表明，分析师的荐股行为存在羊群效应；当新的股票推荐远离共识而不是接近共识时，荐股调整引起的股价反应更强，这表明市场能够识别分析师的羊群行为；大券商的分析师，所追踪股票的荐股分散程度较小的分析师以及调整频率较低的分析师更有可能采取羊群行为。

蔡庆丰等（2011）以我国证券分析师在 2005 年至 2010 年发布的投资评级调整为样本，研究分析师的羊群预测行为，首次提出并发现，我国分析师在投资评级调整中存在明显的羊群行为。

三、分析师的激进预测行为

Zweibel（1995）指出，在代理人能力存在信息不对称以及代理人重视自己声誉的情况下，由于代理人获得的良好声望来自其出色的相对业绩表现，而不是来自其对他人行为的跟随，而只有当代理人的业绩表现低于市场平均水平时，其声誉才会受损，在这种情况下，能力极强和能力极差的代理人都更倾向于脱离羊群行为，采取更激进的行为。

Gleason 和 Lee（2003）发现分析师激进的盈余预测调整引起的市场反应更大，并由此推测，激进预测调整引起较大市场反应的原因是激进预测为投资者提供了更多新的信息。

Clement 和 Tse（2005）对最开始发布的盈余预测和调整后的盈余预测进行比较，发现激进预测的准确性比羊群预测的准确性提高更多，从而提出激进预测更能反映分析师的私有信息。他们还发现分析师的预测调整和其预测误差正相关，这一相关性在羊群预测调整（较小的预测调整）中更强，在激进预测调整（较大的预测调整）中更弱，并由此推断，激进预测是基于相关的私有信息做出的判断，比羊群预测更完整地反映出分析师的私有信息。

由于激进预测与分析师个人能力更相关，Kadous 等（2009）预测并发现，激进预测对分析师预测的精确性起到了调节作用，即激进预测会增加投资者对预测准确分析师的信任，并使准确预测的分析师获得更好的发展。这和 Hong 等（2000）关于不准确预测分析师会因激进预测而增加被解雇的可能性是一致的。

然而，分析师预测的高一致性并不能轻易地被定义为羊群行为，原因在于：第一，早期发布的预测含有有价值的信息，而后发布预测的分析师会把这些信息纳入其预测中；第二，分析师依赖公共信息来源，即其信息的来源是重叠的；第三，宏观经济冲击会导致分析师发布过高或过低的盈余预测；第四，分析师预测盈余测度的和计量经济学家所看到的盈余可能是不同的；第五，分析师可能系统性地乐观或悲观，因此预测或高于或低于共识，从而表现出羊群行为。

新的信息出现时，无偏的分析师结合已有的全部信息更新其关于盈余期望的分布，如果分析师是基于其所有可用信息做出的盈余预测，例如该预测对应于分析师关于盈余的后验分布的平均数或中位数，那么该预测就是无偏的。羊群行为指的是分析师盈余预测与其最优解相背离，而偏向分析师早期的一致预测，而如果分析师的盈余预测与一致预测相偏离则为反羊群行为。无偏分析师的盈余预测应该等于其基于所有可用信息得到的盈余分布的中位数，因而分析师预测超出或低于实现盈余的概率是一样的，并有条件地受其信息集中的任何信息（包括分析师早期发布的一致预测）的影响。

如果分析师的表现是羊群行为，那么其预测应该处于其最佳估计和一致预测之间。因此，如果羊群分析师的预测超过早期的一致预测，那么该预测低于实际盈余的概率会超过 50%，如果羊群分析师的预测低于早期的一致预测，该预测超过实际盈余的概率会超过 50%。反之，则分析师表现为反羊群行为。

Bernhardt 等（2006）分别检验了低于或高于一致预测的盈余预测高于或低于实际盈余的概率后发现，分析师更多地表现出反羊群行为，即与一致预测相比，分析师更倾向于反向放大最佳预测，进行更激进的预测。

Kadous 等（2009）对分析师激进预测以及预测精确性是否会影响分析师在投资者中的可靠性进行研究。由于激进的盈余预测是"一致性"程度低的行为，根据归因理论，投资者可能会把精确、激进的预测归因为预测分析师的个人因素（如能力强或更努力），而非外在因素，因而，提供精确、激进预测的分析师更受投资者信任。由于预测的激进度被归因为分析师的个人特征（如能力和努力），因而，激进预测会加强投资者对精确预测分析师的信任，即相较于发布准确的一致性预测的分析师，投资者更信任发布准确的激进预测的分析师。

Yin 和 Zhang（2014）从锦标赛竞争的角度解释了分析师激进预测的动机，预测并发现，暂时落后的分析师更可能发布激进预测，且越临近比赛结束，分析师越可能发布激进预测以便提高最后反败为胜的可能性。

四、分析师行为偏差动因

关于分析师的行为偏差，有两种不同的理解。一种观点认为，分析师的行为偏差源于其判断失误或是自选择（McNichols 和 O'Brian，1997），是非主观动机所驱动的行为；另一种观点则认为，该行为偏差是分析师出于一些经济动机的有意为之。现有文献多持后一种观点，并从多个角度来研究影响分析师行为的可能原因。

1. 源自所在证券公司的利益冲突

大部分证券分析师都受聘于证券公司的研究部，他们被安排去追踪上市公司，对投资者发布所追踪公司的研究报告（Dugar 和 Nathan，1995）。由于证券公司是自负盈亏的公司制经营，因此许多研究将证券公司作为一个营利主体，从其收入来源来考察它对分析师行为动机的影响。证券公司不仅有为投资者提供服务的经纪业务，也有为公司提供服务的投资银行业务，同时还有公司本身的自营投资业务。不同业务的存在可能会导致分析师面临诸多利益冲突而出现行为偏差。由供职券商引起的偏差，按照其不同业务的影响，可分为投行业务动因、佣金获取动因和自营业务动因。证券分析师会直接或间接地受到来自不同业务的压力而出具有偏的研究报告。

所谓投行业务动因，是指证券分析师为了帮助所在券商获得潜在的投行业务或者促进正在开展的投行业务而倾向发布有偏的预测（Dugar 和 Nathan，1995；Lin 和 McNichols，1998）。投资银行业务是指券商为公司客户所提供的兼并、承销、增发等业务。当投行部的客户公司和分析师追踪的公司为同一上市公司时，分析师有可能产生利益冲突，从而出具有偏的预测报告。

Dugar 和 Nathan（1995）发现，平均而言，相对非投资银行分析师，投资银行分析师的评级推荐更为乐观，但是，遵循投资银行分析师的投资建议所获得的回报与遵循非投资银行分析师的建议所获得的回报没有显著差异。股票收益与盈利预测误差之间关系的回归分析则表明，相较投资银行分析师，资本市场参与者更多地依赖非投资银行分析师来形成他们的盈余预期。尽管非投资银行分析师的研究报告公告日期存在重大市场反应，而投资银行分析师报告公告日没有重大市场反应，但是二者之间的差异在统计上并不显著，投资银行分析师和非投资银行分析师在盈余预测的准确性上并没有差别。

Lin 和 McNichols（1998）同样根据分析师所在的证券公司对上市公司是否存在承销业务，把分析师分为了附属分析师和非附属分析师，并检验，相对于非附属分析师，附属分析师发布的研究报告是否会更乐观。他们实证检验了附属分析师和非附属分析师当年和随后一年盈余预测、长期盈余增长预测以及投资推荐。

其结果发现，在股票增发前后，相较非附属分析师，附属分析师当年和随后一年的盈利预测并没有表现出更乐观；但是，附属分析师发布的盈余增长预测以及荐股则显著地更为乐观。

潘越等（2011）利用新股上市一年内的分析师预测数据，系统研究我国承销商是否会利用分析师的预测报告进行托市，其实证结果发现只有在新股解禁期后，声誉机制才能有效地约束分析师的托市行为；总体上，市场投资者能够识别承销商分析师想要托市的意图，并且能够自我调整承销商分析师预测的系统偏误。

佣金获取动因，是指证券分析师为了让所在券商获取更多的交易佣金而发布有偏的预测报告来刺激投资者进行股票的买卖（Hayes，1998；Irvine，2004；Cowen 等，2006；Jackson，2005）。随着越来越多的人认识到投资银行业务对分析师报告行为的不良影响，在研究部门和投行部门建立"防火墙"的执行也越来越严格。但是，即便去除了投行业务的影响，佣金获取的动机依然存在。

Hayes（1998）假设分析师的薪酬会严格地随着其创造的交易佣金的增加而增长，并建立模型来模拟分析师和投资者之间的互动，以研究创造交易佣金的动机对分析师报告的准确性和有用性的影响。分析师决定收集多少有关资产的信息量主要取决于该信息带来的期望佣金，因此，对于预期表现良好的股票，其信息收集的动机最强烈，其研究报告的准确性也比预期表现不佳的股票更高。由于分析师希望最大化其报告产生的交易量，而对于投资者将购买的股票，更准确的信息可以降低投资者的风险溢价来增加购买的股票数量。对于投资者将出售的股票，更准确的信息可能会减少出售的股票数量。该模型预测，分析师将对他们预期表现良好的股票进行追踪，并降低表现不佳的股票的追踪人数；其次，预测的准确性和股票的表现有关，因而卖空限制和所有权分散度等因素会影响公司绩效、分析师追踪和预测准确性之间的关系。

Irvine（2004）在 Hayes（1998）模型的基础上，利用特有的经纪公司交易的数据库，研究分析师的盈余预测和投资评级是否影响其所在券商在该股票上的交易份额，预测并发现，在分析师盈余预测公告日后的两周内，个人分析师预测与一致预测之间的差异会显著地增加其券商在预测股票交易中的市场份额；在控制了分析师同时发布的投资评级之后，这一结果仍然存在。这些发现意味着，交易的动机可能会鼓励分析师发布远离一致预测的盈利预测，以增加其与交易佣金相关的薪酬。用分析师盈余预测和实际盈余之间的差异度量预测误差，来检验交易动机是否会促使分析师发布有偏的盈余预测，其实证结果表明，预测误差并不能增加证券公司的市场份额。Irvine（2004）还发现分析师的"买入"评级，创造的交易相对较多。这些证据表明分析师可以通过积极的股票推荐而不是有偏的盈余预测来产生更高的交易佣金。

Cowen 等（2006）把分析师任职的公司分为 4 类：通过承销和经纪业务收入资助研究的全业务券商、通过经纪和较少的承销业务收入资助研究的财团券商、只有经纪业务收入资助研究的经济券商以及将研究作为独立产品出售的纯研究公司，在此基础上，通过比较盈余预测、长期盈余增长预测、价格预测以及投资评级，来比较不同券商分析师乐观倾向的差异，其目的在于确定是否存在系统性的公司因素来解释分析师的乐观性。其实证研究发现，与其他券商分析师相比，全业务券商的分析师乐观性倾向最低，经纪券商分析师的乐观性倾向最为严重。这些证据表明，全业务券商乐观性倾向相对最低的部分原因是，全业务券商需要通过建立声誉来吸引承销业务的潜在客户，而经纪券商分析师最为乐观的部分原因在于，经纪券商同时为散户和机构投资者提供服务。

Jackson（2005）探讨了卖方分析师面临的创造交易和建立声誉的行为动机，其实证发现，乐观分析师可以为证券公司创造更高的交易量，这意味着分析师有发布乐观倾向盈余预测和投资评级的动机。但是，声誉机制可能会抑制分析师的有偏报告，因为投资者和分析师之间的交往是重复的，分析师的机会主义行为一旦被识破，就会受到市场的处罚。这些实证证据表明，声誉更高的分析师可以为其所在的证券公司创造的未来交易量显著更高。因此，分析师也有很强的经济动机来建立自己的声誉。此外，市场始终在更新分析师的声誉，更准确的预测者获得更高的期末声誉。因而，分析师需要在通过说谎增加短期的交易量和通过建立声誉获取长期收益这二者之间进行权衡。

自营业务动因，是指证券分析师会为所在券商重仓的股票出具更积极的研究报告以提高市场对该股票的估值（Mola 和 Guidolin，2009；曹胜和朱红军，2011）。

Mola 和 Guidolin（2009）分析了 1995 年至 2006 年发布的投资评级，其结果发现：对于分析师隶属的共同基金投资的股票，卖方分析师可能会频繁地发布有利的投资评级；控制包括分析师和投资银行之间的关系在内的多个变量后，附属共同基金投资股票的投资组合权重越大，附属分析师给出的投资评级就越乐观；虽然 2002 年以后，分析师对附属共同基金所持股票的乐观情绪有所下降，但是，分析师将股票升级为"强烈买入"评级的决定仍然与基金家族中该股票的投资组合权重显著相关。

2. 源自上市公司的利益冲突

证券分析师的预测需要搜集大量的公开信息或私有信息，而公司管理层则是分析师获取信息最重要的来源之一。公司管理层可能会通过限制或切断分析师与管理层的联系，来惩罚那些发布不利预测的分析师（Das 等，1998）。因此，为了与管理层建立良好的关系以获取私有信息，分析师可能会发布有偏的研究报告。

但是关于管理层更偏好哪类信息，现有的研究并无定论。有些研究认为，利好的分析师预测能够支撑公司更高的市场估值并由此带来高水平的薪酬，管理层偏好有利的分析师预测（Das 等，1998；Lim，2001）。部分研究则认为，管理层更偏好悲观的预测报告（Matsumoto，2002）；还有研究认为，管理层对预测的偏好会随着情况的不同而发生变化（Richardson 等，2004；Ke 和 Yu，2006；Chan 等，2007）。

McNichols 和 O'Brian（1997）从自选择的角度研究观察到分析师预测报告的乐观倾向。分析师的乐观预测偏差可能是因为分析师更可能为自己看涨的股票提供预测报告。如果分析师根据对公司前景的预期选择性地报告看涨的公司，那么开始和放弃对某公司的追踪则分别与相对乐观和悲观相关联。如果分析师增加对其真实信念的偏见，则不存在这一关联关系。当公司的预期前景足够差时，分析师可能不再报告这些公司，这就相当于截断了预测的下尾分布，从而使可观察到的盈余预测和投资评级的平均值高于（不可观察到的）预测期望的平均值。实证结果表明，在分析师盈余预测和股票推荐中普遍观察到的过度乐观，有一部分是源于分析师研究报告的自选择，而不是分析师对其真实信念的偏差。

在发布盈余预测以及投资评级时，分析师实际上提供了两种服务：一个是公开信息的整合和处理,一个是新信息的获取和传递(Schipper,1991)。假定对额外信息的需求取决于市场上已存在多少公共信息,以及根据已有公共信息预测未来盈余的可能程度。如果根据已有的公共信息能够相对准确地预测公司的盈余,那么额外的非公开信息对市场盈余预期的改善程度就非常有限。因而,分析师可能不太倾向于花费精力去获取这类公司的非公开信息。与之相反,对于根据公共信息难以预测未来盈余的公司(低可预测性公司),对额外的非公开信息需求可能会更大。因而,获取这类公司的非公开信息,能为分析师带来更多的收益。在一个竞争市场中,分析师会努力满足市场对低预测性公司的非公开信息的需求。

Das 等(1998)对公司盈余的不可预测性是否会加强分析师的乐观性进行研究。如果有意的乐观倾向有助于分析师从管理层获取非公开信息,且非公开信息在低可预测性公司的需求更大(更有可能导致市场预期的调整),那么对于低可预测性的公司,分析师可能会表现出现更大程度的乐观倾向。在同等情况下,尽管有偏差的预测会降低准确性,但是,如果前者是基于更准确的信息,那么有偏见的预测可能会比无偏预测更准确。与假设一致,Das 等(1998)发现公司盈余的可预测性越低,分析师的乐观性越大;虽然盈余的可预测性和盈余的波动性相关,但是盈余的波动性并不会导致盈余可预测性和预测偏差的相关关系。

Richardson 等(2004)基于管理层抛售公司股票或发行新股的动机,研究分析师与管理层之间的"盈余-指导游戏"(earnings-guidance game),即分析师首先发布乐观的盈利预测,然后再将该估计值"下调"到企业可以在官方公布的财报中击败的水平,其实证结果表明,当公司或内部人在盈余公告后发行新股或抛售股票时,分析师调低盈余预测估计至可被实际盈余打败的水平的行为表现得更为显著。

Ke 和 Yu(2006)提供了在公平披露监管前,分析师为取悦公司管理层而发布有偏差的盈利预测以及发布有偏预测所获得的相关利益的证据。他们发现如果分析师在前一年盈余公告后,首次发布的是乐观盈利预测(预测盈余大于实际盈余),而在当年盈余公告前,最后发布的是悲观的盈余预测(预测盈余低于实际盈余),那么,这类分析师的盈利预测更为准确,并且不太可能被雇主解雇。

Chan 等(2007)认为,分析师的盈余预测受其获取投资银行业务客户需求的影响,并研究在收益公告之前的一段时间内,分析师是否通过调整估计值来帮助管理者达到或超过预期，从而偏向于发布对公司有利的意见。其证据表明，非负面盈利意外事件的增加，是由报告期内分析师预测的战略性调整所致。如果收益未能达到公告前 3 个月的预期，分析师近年来更愿意将其预测下调到足以在公布后产生非负面意外的估计值。分析师对发布能带来盈余惊喜的盈余预测的倾向在其潜在投行业务客户的公司中尤为显著。这些公司更有可能是成长性公司，因为它们更频繁地参与筹集外部资本，或进行兼并和收购。此外，成长性公司的高估值使他们更容易在收益不佳的情况下大幅降价。因此，经理和分析师有更大的动力来避免这些公司的盈利失望。这意味着，相较价值型企业，非负收益意外事件的发生率在成长性公司上升得更为明显。

赵良玉等（2013）以盈余预测的准确性衡量获取私有信息的程度，利用我国增发、配股以及大股东减持事件，来研究证券分析师是否会为了获取私有信息，而发布迎合公司管理层的偏好的更乐观的投资评级。其实证结果表明，在上市公司需要时发布乐观评级的分析师，在之后的盈余预测的准确性更高；在私有信息价值更高的公司，更可能存在以乐观预测来换取私有信息的现象，这意味着分析师发布有偏报告时会权衡由此带来的收益及对其声誉的影响。

3. 源自机构投资者的压力

在机构投资者高度关注的股票中，发布有偏见和误导性研究的成本应该更高，原因有二：其一，每一年度，机构投资者会在《机构投资者》杂志举办的全明星分析师投票中为每个行业的最佳分析师投票，而排名直接影响分析师的薪酬和职业前景，因此，为分析师提供了产生有用和及时研究的动机；其二，虽然大多数机构投资者不直接为卖方研究付费，但他们通过交易佣金隐含地为卖方研究进行付费。事实上，机构投资者通常会对其投资组合经理进行投票，以决定如何在证券公司中分配交易佣金，该分配往往，至少部分地，基于哪些卖方分析师提供了更多的增值研究。

分析师的行为受其职业发展的影响，通过提供可靠、准确、无偏以及及时预测和荐股建立声誉的分析师，可以为其证券公司创造额外的交易量，在其他条件不变的情况下，获取更高的薪酬，更有可能被最负盛名的投资银行聘用；而表现不佳的分析师产生较少的经纪业务，并最终导致更高的离职率。大多数分析师的声誉资本和职业前景最终取决于机构投资者对其研究质量的评价。分析师会在为券商的经纪业务和投资银行业务创造收入以及私人的职业发展之间进行权衡。

Ljungqvist 等（2007）研究机构投资者是否会缓解分析师在证券公司的任职所引起的利益冲突。虽然投资银行和经纪业务的压力都可能导致分析师提供乐观的意见，但偏向证券公司的研究会破坏分析师在机构投资者中的声誉，机构投资者可以通过各种方式表达他们对有偏分析师研究的不满。因此，对于机构投资者高度关注的股票，分析师不太可能屈服于投资银行或经纪人的压力。他们的实证结果表明，对于主要由机构（非个人）投资者拥有的股票，分析师的利益冲突行为会减少。

虽然机构投资者在投资之前更偏好高质量的研究，但一旦确定了股票的仓位，机构投资者的激励就会发生改变，此时，保持股价在高位运行更符合其最佳利益。在证券公司竞争交易佣金的市场中，给予或带走重要业务的能力使机构投资者掌握了以牺牲其他投资者为代价来影响经纪业务的能力。

Gu 等（2013）对机构投资者是否会利用交易佣金费用来迫使分析师发表乐观意见以支持他们现有的股票头寸进行研究。利用中国特有的数据库，其结果表明，分析师荐股的乐观性倾向和其所承担的佣金费用压力正相关，相对于未从基金公司获取交易佣金的券商分析师，任职于从基金公司获取了交易佣金的券商分析师发布的投资评级更为乐观，在佣金费用数量更大或从更多基金公司获取交易佣金时，该乐观性表现得更为显著。

第四节　分析师评选机制

分析师的评选机制指的是会对分析师的薪酬和职业发展构成影响的因素，这些影响因素指出了分析师职业发展的路径。

Stickel（1992）认为，全美研究团队分析师可以被视为相对声誉和薪酬的代理变量。其一，全美研究团队分析师是薪酬最重要的决定性因素之一；其二，在投票的时间，分析师试图通过访问基金经理来影响投票。尽管全美分析师的薪酬普遍较高，但是全美分析师是否比其他分析师表现更好则存在争议。Stickel（1992）分别用预测准确性、预测发布的频率以及预测调整对股价的影响这三个指标来度量分析师的业绩，其结果表明，与其他分析师相比，全美分析师提供的盈余预测更准确、频率也更高。大幅上调预测修正后的前 11 天的异常收益表明，全美分析师对股票价格的平均影响比非全美分析师高 0.21%，然而，大幅下调的预测修正，回报并无差异。这些证据表明，分析师的声誉与绩效、薪酬与绩效存在正相关关系。

Mikhail 等（1999）通过检验预测准确性和分析师流动率的关系来研究分析师是否重视预测的准确性。其实证结果表明，如果分析师预测的准确性低于同行，则更有可能离职，但是分析师的离职的概率与其绝对预测准确性之间并无关系，无论分析师换多少次工作，相对准确性和离职率之间的关系都保持不变。

Hong 和 Kubik（2003）通过预测准确性和工作分离的关系研究分析师的职业发展对其行为的影响。利用 1983 年至 2000 年在 600 家证券公司就职的大约 12000 名分析师样本，他们发现，预测更准确的分析师更可能经历更好的职业发展，例如跳槽到排名更高的证券公司工作；在控制了准确性后，相对一致预测，更乐观的分析师有更好的职业发展；对于那些追踪其所在券商承销的股票的分析师，职业的发展更多地取决于预测的乐观性而非准确性。而在股市狂热期间，分析师的职业发展对准确性不敏感，对乐观性更敏感。经纪公司显然会奖励那些提高股票交易量的乐观分析师。

Wu 和 Zhang（2009）通过券商的合并事件来研究财务分析师职业发展的影响因素，以 1994—2004 年发生合并的投资银行、经纪公司、商业银行或金融集团为样本，研究影响分析师职业走向的因素。其结果发现，盈余预测准确度低的分析师，离职率更高，原因是合并会造成研究能力过剩，从而导致能力差的分析师被解雇；盈余预测准确度高的分析师，离职率也更高，原因是合并破坏了雇员与特定公司相匹配的部分人力资本，给员工未来职业前景带来很大的不确定性，竞争公司可以利用合并引起的变化和不确定性来说服高级员工离职；目标公司的分析师更可能离职，而合并方"竞争分析师"的存在加剧了目标公司分析师的离职；经验丰富的分析师，尤其是明星分析师，更可能被提升为研究高管。

Emery 和 Li（2009）利用《机构投资者》杂志和《华尔街日报》的分析师排名，研究上榜"明星分析师"的决定因素，以及当选"明星分析师"后其业绩表现。他们发现，相较于《机构投资者》全明星分析师，业绩表现对成为《华尔街日报》的明星分析师更为重要；相较于非明星分析师，这两类明星分析师如果要再次上榜，其业绩表现更为重要；其次，对识别度影响较大的决定性因素，例如证券公司规模以及曾经被评选为"明星"，代替了业绩的影响，尤其是那些非明星分析师；这两个排名有着隐含或明确的资格要求，对分析师造成了重大的进入障碍；分析师排名并没有任何重要的投资价值，当选明星分析师的随后一年，与其他分析师相比，在投资建议上，《华尔街日报》明星分析师的表现显著更差，而《机构投资者》的明星分析师则并无差异，在预测准确性上，两类明星分析师也并没有表现更好。这些证据表明，明星分析师的评选在很大程度上只是"人气竞赛"。

Fang 和 Yasuda（2014）研究"全美"分析师的股票推荐是否比非"全美"分析师更具价值，并进一步研究"全美"分析师出色业绩表现的原因。其实证结果发现，对于可以私下预先获取分析师建议的投资者，基于"全美"分析师推荐的投资组合获取的经风险调整的回报率每月要高出 0.6%。而没有此类访问权限的投资者获得超额回报则更为有限，每月的收益幅度仅为 0.3%，且仅限于排名靠前的全美分析师的购买建议；"全美"分析师的突出绩效，无论是评选前还是评选后都存在，因此，"全美"分析师的出色表现并不是投资者对明星分析师的过度反应所致，这一突出表现也并不受公平信息披露管制的影响。这些结果表明，分析师之间存在能力差异，全美分析师的评选反映出机构投资评估和从评选分析师的出色预测技能中获利的能力。其他投资者虽然也有机会从明星分析师的意见中获利，但由于及时性不够，其获利有限。

由于获取分析师薪酬的机会有限，关于分析师动机的研究往往是基于合理的推测，而非系统的证据，目前只有少量文献利用真实的薪酬数据以及相关的问卷调查研究影响分析师职业发展的相关因素。

Groysberg 等（2011）利用从一家知名综合投资银行获得的 1988—2005 年的分析师薪酬数据，研究分析师薪酬及其驱动因素。他们发现，分析师的薪酬水平及薪酬偏度在此期间发生了巨大且系统的变化。薪酬水平的上下起伏与资本市场的活动高度相关，而薪酬水平与薪酬偏度的随时间发生的变化几乎完全是由奖金所驱动，奖金在总薪酬的占比从 1990 年的 46% 升至 2002 年的 84%，到 2005 年又降至 70%。总体而言，这些证据表明，在市场活动活跃以及相应的交易佣金和企业融资费用较高的期间，银行的奖金池扩大，从而引起分析师薪酬大幅增加，但是不同分析师薪酬的增加幅度并不一致，市场"热门"时，分析师之间的薪酬差异反而扩大了。

Groysberg 等（2011）还发现，在其样本分析师中，预测准确性对薪酬的影响微不足道，但是，预测不准确的分析师更可能降职或退出分析师市场。这意味着，在正常的预测结果范围内，预测绩效与银行内年度薪酬之间没有关系，但极端不利的预测结果与解雇的可能性增加有关。"全明星"引起的薪酬溢价可以用机构投资者（即"买方"）的基本投票来解释，在控制机构投资者的投票后，薪酬和"全明星"之间的关系在经济上和统计上都不显著，即分析师薪酬和"全明星"的关系并非由"全明星"带来的知名度所引起。

Brown 等（2015）对 365 位分析师进行了问卷调查以及 18 次后续访谈，为分析师使用的信息输入、面临的动机提供了新的见解。他们调查了分析师薪酬的决定因素、提供准确的盈利预测以及推荐盈利股票的动机、以及发布不利的盈余预测和投资评级的后果。其结果发现，分析师有强烈动机去满足其投资客户的需求，而分析师的行业知识对其薪酬起着非常重要的影响。尽管监管机构在投行业务和研究业务之间建立防火墙，以降低分析师的利益冲突，但是 44%的受访者表示，他们在承销业务或交易佣金方面的成功对他们的薪酬非常重要，这表明，利益冲突仍然是卖方分析师研究的持久关注点。虽然之前的研究强调了投资机构杂志评选的"全美"研究团队对分析师薪酬的重要影响，但是受访分析师表示，经纪人投票对他们的职业发展更为重要。具体来说，83%的分析师表示经纪人投票对他们的职业发展非常重要，而只有 37%的人对机构投资者杂志的排名表示同样的看法。

第五节　文　献　评　述

从已有的国内文献来看，分析师的相关研究主要分为以下五个方面，但是这五个方面的研究并不是彼此孤立的，而是相互联系，互有交叉重叠的地方。

一部分文献研究分析师是否为市场提供了有用的信息。这些研究发现，分析师的研究报告不仅为市场提供了有价值的信息（Liu 等，1990；Stickel，1991；Womack，1996；Francis 和 Soffer，1997；Mikhail 等，2004；Asquith 等，2005；

Frankel 等，2006；Louis 等，2013；Bradley 等，2014；Lobo 等，2017；Loh 和 Stulz，2018）、提高了信息传递的效率（Grossman 和 Stiglitz，1980；Amiram 等，2016；朱红军等，2007）。

一部分文献研究分析师在信息的生产活动中，是否直接或间接地发挥了有效的外部监督作用，其结果发现分析师跟踪有助于降低公司的代理成本（Jensen 和 Meckling，1976；Moyer 等，1989；Healy 和 Palepu，2001；Cheng 和 Subramanyam，2008；Call，2008；McInnis 和 Collins，2011；Bradley 等，2017），提高公司价值（Lang 等，2004；Li 和 You，2015）。

一部分研究则发现分析师的预测行为存在系统性的偏差，分析师为投资者提供的研究报告并不总是客观、公正的，比如乐观性预测（Butler 和 Lang，1991）、羊群预测（Scharfstein 和 Stein，1990）、激进预测（Keskek 等，2014；Yin 和 Zhang，2014）等。

一部分研究则深入探讨分析师预测行为偏差的产生原因。关于分析师预测行为偏差的缘由，有两种截然不同的观点。一种观点认为，分析师的行为偏差源于其判断失误或是自选择（McNichols 和 O'Brian，1997），是非动机所驱动的行为；另一种观点则认为，该行为偏差是分析师出于一些经济动机的有意为之。而已有的文献多持后一种观点，并试图从券商、机构投资者以及上市公司这三个方面的利益冲突来探讨分析师的行为动机。

截至目前，学术界主要提出了六种引致分析师预测偏差的原因：（1）佣金压力，在卖空受限的情况下，发布乐观的预测有助于增加股票的交易量，因此，分析师会发布乐观性预测来增加所在券商的证券交易数量以便创造更多的交易佣金（Hayes，1998；Irvine ，2004；Jackson，2005；Agrawal 和 Chen，2004；Jackson，2005；Gu 等，2010）；（2）投行业务压力，卖方分析师为了帮助所在券商获得潜在的投行业务或者促进正在开展的投行业务发布更乐观的预测（Dugar 和 Nathan，1995；Lin 和 McNichols，1998；原红旗和黄倩茹；2007；潘越等，2011）；（3）自营业务压力，证券分析师会为所在券商重仓持股的股票出具更积极的研究报告以提高市场对该股票的估值（Mola 和 Guidolin，2009；曹胜和朱红军，2011）；（4）私有信息获取动因，卖方分析师为了与管理层建立良好的关系以获取私有信息，而发布有偏的研究报告（Das 等，1998；Lim，2001；

Matsumoto, 2002；Richardson 等, 2004；Ke 和 Yu, 2006；Chan 等, 2007；赵良玉等, 2013）；（5）牟取个人投资利益动因, 如果分析师个人持有其追踪公司的股票, 那么分析师就可能通过发布有偏的研究报告来为自身牟取投资利益（张雪兰和何德旭, 2008）；（6）维护个人声誉动因, 分析师为了维护自己的个人声誉, 从而忽略自己的私有信息而发布与其他分析师相类似的预测（Hong 等, 2000）。

一部分文献则研究影响分析师的评选机制, 即哪些因素会影响分析师的薪酬和职业发展, 如分析师盈余预测的准确度（Mikhail 等, 1999；Hong 和 Kubik, 2003）、是否是明星分析师（Wu 和 Zhang, 2009）、获利能力（Fang 和 Yasuda, 2014）。

这些分析师相关的文献研究中, 很少有文献直接对分析师外部评选机制对分析师预测行为的影响作用进行研究。国外仅少量文献讨论了分析师外部评选机制设置的规则, 以及该外部评选机制对分析师行为的可能影响。而在国内, 相关的研究则是一片空白。

虽然国内的投资者乃至舆论新闻对分析师的外部评选进行了广泛讨论, 然而目前为止, 学术界却尚未有学者对此进行系统的研究。其原因可能有两点：其一, 分析师外部评选机制的产生并不完全是外生引进, 其影响力也并非一蹴而就, 而是循序渐进, 因此, 无法识别有效的事件窗口；其二, 外部评选机制对整个分析师行业产生广泛的影响, 无法找到一个不受外部评选机制影响的控制样本来控制时间趋势等其他因素的影响。

方正"饭局门"事件的爆出, 使新财富最佳分析师的评选发生了外生的中断, 这为我们研究分析师外部评选机制对整个分析师行业以及资本市场信息环境影响提供了一个很好的事件窗口, 使得我们可以系统地探讨分析师外部评选机制对分析师预测行为以及资本市场信息环境的影响作用及其机理。

因此, 为了系统深入地了解分析师外部评选机制的综合影响作用, 本研究以利用新财富最佳分析师的评选以及评选活动的意外中断事件, 来系统深入地分析分析师外部评选机制对其预测行为的诱导作用, 以及对分析师行业以及资本市场信息环境的影响作用。

第四章　分析师外部评选机制对其激进预测行为的影响

第一节　理论推导和假设提出

一、锦标赛理论

锦标赛理论，是指一种薪酬的激励安排，委托人事先设定好差序化的薪酬水平，而参赛者的薪酬水平取决于其排名的顺序，即参赛者的相对表现而非绝对表现决定了薪酬的多少，而相较于失败者，获胜的一方可以获取丰厚的奖励（Lazear 和 Rosen，1981；杨其静和杨婧然，2019）。锦标赛理论特别适用于一些特定情况：代理人的努力程度是不能被直接观察或者说是监督的成本过高以及代理人的业绩取决于随机状态的实现（Lazear 和 Rosen，1981；Yin 和 Zhang，2014）。

锦标赛竞争同样适用于公司组织中的层级竞争，组织中不同层级之间的薪酬差距非常大，而员工职位的提升取决于其相对的业绩评估，因而，组织里的员工为级别更高的少数职位进行的竞争可视为锦标赛竞争（Bognanno，2001）。从该理论出发，Cichello 等（2009）发现，部门经理的晋升与该部门经理的业绩表现是否优于其他部门经理高度相关，但与绩效间的差异程度微弱相关。

随后，锦标赛竞争也被用于解释共同基金经理的风险水平决策。Brown 等（1996）首次将锦标赛竞争用于解释基金经理的风险决策，预测并发现，当基金经理的薪酬与相对业绩挂钩时，相对于在年中评估获胜的基金经理，年中评估暂时落后的投资组合经理会在后期更大程度地增加投资风险，以获取最终结局的反转。Chevalier 和 Ellison（1997）也发现锦标赛薪酬激励会诱使基金经理为了获得更高的相对排名而增加基金的风险水平。Koski 和 Pontiff（1999）考察了投资经理基金为应对先前的基金业绩而调整基金的风险水平，其结果表明，基金的风险变化和之前的业绩表现显著负相关，但是，相对于未使用衍生工具的投资经理，使用衍生工具的投资经理，基金的风险变化程度更不严重。这意味着，投资经理利用衍生工具来降低业绩对风险的影响。Kempf 和 Ruenzi（2007）将基金经理间的锦标赛竞争从部门间的竞争扩大到共同基金行业里的竞争，他们发现，基金经理会根据自己在基金家族的相对位置来调整风险，参与竞争的人越多，竞争越激烈，排名相对较低的基金经理越可能增加风险投资。

Yin 和 Zhang（2014）从分析师的薪酬安排也类似于锦标赛的设计出发，提出并发现，在年中绩效考核落后的分析师会加大风险，通过发布更激进的预测来赢得结局的反战。但是这篇文章利用的是美国的数据，主要针对的也是分析师的内部考核机制。

二、分析师外部评选对分析师行为的影响

"新财富最佳分析师"是我国《新财富》杂志，借鉴美国的《机构投资者》杂志，于 2003 年推出的由机构投资者投票评选中国内地资本市场上的"最佳分析师"。"最佳分析师"每年评选一次，一般是 8 月份开始启动评选程序，评选方式是先由各券商提名参评的分析师，其后，机构投资者对参评人进行投票打分，然后按一定权重将各方的投票结果汇总评选产生各个研究方向的"新财富最佳分析师"。上榜分析师往往会受到公司的奖励和重用，其薪酬也会发生质的飞跃，"最佳分析师"的评选相当于是在整个分析师行业进行的锦标赛，并从中选拔出相对表现最为出众的"明星"分析师。

在我国，分析师的薪酬分为基本工资和奖金两部分，分析师的薪酬由工资和奖金这两部分构成，具体的发放标准在不同证券公司可能会有所不同。但一般而言，分析师的基本工资不多，差异也并不大，其薪酬的大头以及薪酬间的差异往往来自奖金，不同分析师奖金之间的差异有上万甚至上百万不等。奖金在分析师之间的分配取决于分析师个人的相对业绩表现，而在其中，起着最重要的因素在于分析师是否被评为"最佳分析师"。

无论是市场轶闻还是学术研究，都表明能否评选上"最佳分析师"，是薪酬发生巨变的最重要的因素之一（Groysberg 等，2011），如李丽青（2012）指出，上榜的最佳分析师，其"年薪普遍在百万人民币以上"，媒体报道称"不计年终奖和其他提成收入，新财富第一名的（最佳分析师）基本薪资是每年500万元，第二名300万到400万元，第三名100万到200万元，第五名在100万元左右。对于'顶级'的宏观和策略分析师，其年薪甚至上千万"。

分析师薪酬之间的巨大差异，与 Rosen（1981）称之为"超级明星"的现象非常相似，这种现象在音乐、医疗和法律行业中都经常可见（Rosen，1981；MacDonald，1988；Andersson，2002；Krueger，2005）。"超级明星"现象，指的是一个相对较小的群体获得了巨大的收益，而参与者之间"能力"的差异很小，但薪酬的差异则非常大。Rosen 论证中的几个要素与分析师市场中的现象基本相符：首先，分析师的预测不存在完全的可替代性，一个分析师的推荐或预测并不被认为"与另一分析师一样好"；其次，才能不可以被精确地度量，而对分析师能力的评价来自主观的判断，是"不确定比例的才能和魅力的组合"，因此，能力的差异是由参与者的主观声誉来衡量的；第三，该分析师的信息产品可以以非常低的成本进行复制，无论是无人获取信息还是上百万人获得信息，分析师都花费相同的努力和资源进行盈余预测和投资评级；第四，市场非常大，分析师预测报告的使用者众多；最后，获取分析师预测信息的成本非常低。

Frank 和 Cook（2010）认为这种"超级明星的薪酬结构"会带来严重的经济不平等（过高的薪酬吸引了多人去竞争，而减少了从事其他职业的人），并可能对经济增长产生不利影响。无论这一观点是否适用于分析师，分析师薪酬的结构设计显然为分析师成为并继续成为明星提供了巨大的动力。因此，结合锦标赛薪酬设计对风险行为的影响，分析师为了获取锦标赛竞争的胜利，很可能会改变行为，并选择不同的竞争策略。

三、竞争策略的选择

多人博弈的一个核心特征是存在战略相互依存的可能性，而参与者之间是否存在策略互动会对其策略的选择产生重大影响。

在 Talylor（2003）博弈论的设定中，将其他管理者的行为考虑在内的基金经理的最佳行为与不考虑其他管理者行为的基金经理的最佳行为完全相反。其逻辑推理如下：如果博弈双方不存在决策的互动，暂时的失败者不会因增加风险而失去太多。而基金经理的奖励是业绩的凸函数，其业绩的进一步恶化不会带来更大的伤害；但是，通过增加风险，落后的基金经理增加了追赶上他人并仍然达到最高位置的可能性。相比之下，如果业绩发生恶化，暂时的获胜者会遭受更多损失。因此，暂时的获胜者将降低风险，从而锁定自己的获胜位置。因此，落后者比领先者更多地增加风险。相反，如果存在战略互动，暂时的获胜者可以通过模仿失败者的策略来锁定自己的位置，从而保持领先地位。如果暂时的领先者预期落后者会购买更多风险资产以追赶上来，那么，他们也倾向于购买更多风险资产。然而，一旦暂时的领先者也投资于风险资产，那么购买风险较高的资产并不能帮助暂时的落后者，因此，失败者必须遵循与获胜者策略不同的策略，否则，他们将没有机会缩小自己与暂时领先者之间的绩效差距。因此，暂时落后者必须选择相反的行为，即不增加资产的风险。

策略互动的博弈设定一般适用于参与人数较少的竞争（Mas-Collen 等，1995），只有在人数较少的时候，参与者才会考虑其他人的行为决策，比如寡头竞争（Kempf 和 Ruenzi，2007）。随着人数的不断增加，策略互动的重要性也在不断地下降，比如在完全竞争市场上，所有的参与人都是独立的个体，完全不考虑其他人的战略。这一设定同样适用于分析师行业的竞争，分析师对"最佳分析师"的竞争策略是不考虑其他分析师的行为。根据 Talylor（2003）的逻辑推理，可以预测暂时落后的分析师会采取更冒险的行为来赢得竞赛。

这一推测与其他锦标赛的研究也是一致的，在锦标赛赛事最后的一段时间，相对于暂时领先的一方，暂时落后的一方相对更倾向于采用更加冒险的策略（Brown 等，1996；Chevalier 和 Ellison，1997；Genakos 和 Pagliero，2012；Yin 和 Zhang，2014）。在体育赛事中，这样的情景也是屡见不鲜，比如 1983 年的美洲杯帆船赛决赛，澳大利亚队在暂时落后的情况下采用了更为冒险的策略来赢取比赛。

对于暂时落后的分析师而言，通过采用激进预测这一冒险策略来可以提高自己在后面翻盘的可能性。关于激进预测可以增加投资者对分析师能力的评价，其逻辑借鉴的是社会心理学的归因理论。归因理论描述了人们对发生的事件（包括他人的行为）给出的因果关系的解释（Crittenden，1983）。归因一般可以分为内部原因或外部原因，内部原因关注的是行为人的个人特质或潜在的性格特征，而外部原因则关注所处环境的特征。Kelly（1967）指出，人们在决定是否将观察到的行为归因于外部或内部原因时，会考虑三种信息：一致性，其他人在这样的情况下的行为是否相似；连贯性，该行为人在这样的情况下总是采取同样的行为；独特性，该行为人在其他情况下的行为是否相似。Kelly（1967）认为，人们更可能将一致性高的事件归为内部原因，一致性低的事件则归为外部原因。一致性这一维度与分析师预测最为相关，分析师的激进预测是"低一致性"行为，而一致预测则是"高一致性"行为。这意味着，投资者更可能把激进预测归因为是由分析师的个人特质所导致，而更多地将一致性预测归因为外部环境所造成的。在此基础上，Kadous等（2009）提出并验证，在分析师预测准确的前提下，激进预测能显著改善投资者对分析师个人能力的评价，当然，同样地，对于预测不准确的分析师，激进预测对其声誉的危害也更大。这也意味着发布激进预测是一个风险较大的预测行为。

此外，每届"最佳分析师"的参评人数成百上千，如何增加自己在评选人中的辨识度，也是分析师的一个重要竞争策略（Emery和Li，2009）。新财富"最佳分析师"的评选，需要机构投资者（买方）在选票上直接提名分析师的姓名。这显然需要机构投资者对分析师有一定的了解，也就意味着，分析师的知名度对其是否能够评选具有重要的影响作用。Louis等（2013）指出，简单的复述盈余公告并不能帮助分析师被评选为明星分析师，与该逻辑一致，发布与其他分析师一致的盈余预测并不能使分析师与其他分析师相区别。相反，发布激进的预测更可能提高分析师的知名度（Prendergast和Stole，1996）。实际上，分析师也的确经常发布激进的言论来吸引投资者的关注从而增加自己影响力，例如证监会主席刘士余就曾公开批评某些券商分析师，指责其语不惊人死不休。

从统计的角度来看，采用更具风险的行为会促使结果的随机分布从均值的集中移到尾部，从而增加极端结果出现的可能性。激进预测作为一种风险更大的预测行为，不但能够增加分析师的个人辨识度，而且，如果一旦该激进预测被证实是准确的，则可以增大分析师转败为胜的概率。

结合上面的论述，推出本章第一个假设：

假设 4.1：与明星分析师相比，非明星分析师更可能发布激进预测以增加其上榜"最佳分析师"的概率。

以往的研究以及大量的案例表明，离竞赛结束的时间越短，暂时落后的一方越倾向于采取更为冒险的行动，因为，无论落后多少，只要相对排名没有发生变化，奖励都是相同的（Lee，2004）。

Bronars（1987）发现，在比赛即将结束时，与排名靠前的演员相比，排名较低的演员更愿意冒险。Grund 等（2010）以三分球的投球比例来度量 NBA 球队的冒险行为，他们发现，在比赛剩余时间不多的时候，暂时落后的一方投掷三分球的比例会大幅度地增加：前面 36 分钟投掷 3 分球的概率是 20%，而后逐渐上升，到比赛只剩下 6 分钟时，比例上升到 27% 左右，而当比赛只剩下 3 分钟时，该比例迅速上升到约 33%。Yin 和 Zhang（2014）也发现，越接近内部考核结束的时候，分析师越可能发布激进预测。

从 2005 年开始，新财富最佳分析师的评选活动的流程与时间安排基本固定，流程大致为：投票人征集、候选人征集、投票期、颁奖典礼，评选活动一般于 8 月份开始启动，9 月或 10 月为投票期，11 月揭晓投票结果。评选程序和时间的相对固定，为分析师的行为决策提供了一个清晰的时间线。

一般来说，"最佳分析师"的名单直到举行颁奖典礼时才真正确定下来。而越是接近结束时，分析师越有可能发布更激进的预测，因为只要相对的排名没有变化，无论与其他分析师的差距有多大，在本质上并不影响分析师的薪酬。综上，推出本章的第二个假设：

假设 4.2：明星分析师的评选期间会加强非明星分析师的激进预测行为。

下一步，考虑成为明星分析师后，分析师的预测行为是否发生改变。Fang 和 Yasuda（2014）比较了在评选之前和之后以及不同投资期限下基于"全美"分析师和非"全美"分析师的买卖建议的动态投资组合的表现，其结果表明，不同分析师之间存在能力的差异，而机构投资评估对明星分析师的评选能够选出那些能力出众的分析师，是一个有效的评选方式。但是，Fang 和 Yasuda（2014）并没有进一步研究，该评选方式是否会诱导分析师的行为发生改变。

如果明星分析师的评选只是刚好筛选出具备某些特质的分析师，那么在评选前后，分析师的行为应该不会发生改变。如果分析师外部评选会诱使分析师的行为发生变化，那么在上榜明星分析师前后，分析师的行为应该会发生变化。

基于之前的逻辑，非明星分析师会为了增加上榜明星分析师的概率而采取发布激进预测这一更冒险的竞争策略。而在上榜之后，分析师相当于是在锦标赛竞争中占据了优势地位，在占优的情况下，分析师可能会采用更保守的策略来锁定胜局。因此，非明星分析师在评选上明星分析师之后，其盈余预测的激进度可能会有所下降。基于此，推出本章的第三个假设：

假设 4.3：非明星分析师在当选为明星分析师后，其激进预测程度有所下降。

Clement 和 Tse（2005）对初始发布的盈余预测和调整后的盈余预测进行比较，发现激进预测的准确性比羊群预测的准确性提高更多，从而提出激进预测更能反映分析师的私有信息。他们还发现激进预测的准确性要高于比不激进预测的准确性，其预测调整和预测误差的正相关性，在羊群预测调整（较小的预测调整）更强，在激进预测调整（较大的预测调整）中更弱，并由此提出，分析师发布的激进预测更多的是基于准确的信息。这意味着，如果分析师盈余预测变得更为激进，其预测报告的准确性也会提高。

明星分析师异常丰厚的薪酬为分析师提供了强烈的动机去成为最佳分析师。如果分析师在努力成为明星分析师的过程中，投入更多的精力去挖掘公司信息，为投资者提供更具信息含量的研究报告，那么分析师的激进预测则应该更具信息含量。但是，如果非明星分析师更多的是基于竞争策略的考量而发布更激进的预测，仅仅是因为想要通过后期赢得大比分的胜利来弥补之前的落后而选择激进预测，而不是基于更准确的信息，那么，非明星分析师发布的激进预测的信息量可能要低于明星分析师。Prendergast 和 Stole（1996）的研究表明，非明星分析师更倾向采取"逆羊群行为"来吸引更多投资者注意，而 Emery 和 Li（2009）的研究表明，对于非明星分析师而言，更重要的是关注度而不是其专业性，这些发现意味着，非明星分析师发布的激进盈余预测的信息含量可能会更低。由此，推出本章的第四个假设：

假设 4.4：同等情况下，非明星分析师激进预测的信息含量更低。

第二节　样本选择和研究设计

一、样本选择和数据来源

我国新财富最佳分析师的评选从 2003 年开始，直至 2017 年才由于方正 "饭局门" 事件的爆出而发生外生的中断，因此，本研究选取的样本区间为 2003 年至 2017 年，以分析师发布的盈余预测报告为研究对象。

本研究使用的分析师盈余预测数据来自国泰安数据库（CSMAR）。

二、研究设计

为了验证本章的第一个假设，即与明星分析师相比，非明星分析师更可能发布激进预测，本研究借鉴 Yin 和 Zhang（2014）、Clement 和 Tse（2003）中的检验模型，设定了以下模型来检验：

$$
\begin{aligned}
\text{PBOLD}_{ijt} \text{ (or BOLDNESS}_{ijt}) = {} & \beta_0 + \beta_1 \text{NONSTAR}_{ijt} + \beta_2 \text{DAYSELAPSED}_{ijt} \\
& + \beta_3 \text{HORIZON}_{ijt} + \beta_4 \text{BROKERSIZE}_{ijt} \\
& + \beta_5 \text{OTHERNUMBER}_{ijt} + \beta_6 \text{EXPERIENCE}_{ijt} \\
& + \beta_7 \text{FIRMSCOVERED}_{ijt} + \beta_8 \text{NANALYSS}_{ijt} \\
& + \delta_m \sum \text{YEAR}_m + \varepsilon_{ijt} \qquad \text{模型（4.1）}
\end{aligned}
$$

在模型（4.1）中，我们并没有加入公司层面的控制变量，这是因为，对跟踪同一家上市公司的所有分析师而言，公司层面的因素都是相同的。

根据假设 4.1，与明星分析师相比，非明星分析师更可能发布激进预测以增加其上榜 "最佳分析师" 的概率。因此，本研究预测 NONSTAR 的系数 β_1 显著为正。

为了验证本章的第二个假设，我们在模型（4.1）的基础上加入了交叉变量来检验非明星分析师是否更可能在投票期发布激进预测。

$$
\begin{aligned}
\text{PBOLD}_{ijt} \text{ (or BOLDNESS}_{ijt}) = {} & \beta_0 + \beta_1 \text{NONSTAR}_{ijt} + \beta_2 \text{VOT}_\text{P}\text{ERIOD}_{ijt} \\
& + \beta_3 \text{NONSTAR}_{ijt} * \text{VOT}_\text{P}\text{ERIOD}_{ijt} + \beta_4 \text{HORIZON}_{ijt}
\end{aligned}
$$

$$+ \beta_5 \text{BROKERSIZE}_{ijt} + \beta_6 \text{OTHERNUMBER}_{ijt}$$
$$+ \beta_7 \text{EXPERIENCE}_{ijt} + \beta_8 \text{FIRMSCOVERED}_{ijt}$$
$$+ \beta_9 \text{NANALYST}_{ijt} + \delta_m \sum \text{YEAR}_m + \varepsilon_{ijt}$$

模型（4.2）

根据假设 4.2，越是邻近评选期间，非明星分析师越可能发布激进预测来增加其上榜"明星分析师"的概率，由此，本研究预测变量 NONSTAR * VOT_ PERIOD 的系数 β_3 显著为正。

为了验证本章第三个假设，非明星分析在评选上明星分析师后，其预测的激进度是否会下降，我们采用了两种不同的方法。

第一种方法是比较分析师在上榜"最佳分析师"前后，激进预测的变化情况，所使用的检验模型如下：

$$\text{PBOLD}_{jit} (\text{or BOLDNESS}_{ijt}) = \beta_0 + \beta_1 \text{POST}_{ijt} + \beta_2 \text{DAYSELAPSED}_{ijt}$$
$$+ \beta_3 \text{HORIZON}_{ijt} + \beta_4 \text{BROKERSIZE}_{ijt}$$
$$+ \beta_5 \text{OTHERNUMBER}_{ijt} + \beta_6 \text{EXPERIENCE}_{jit}$$
$$+ \beta_7 \text{FIRMSCOVERED}_{jit} + \beta_8 \text{NANALYST}_{jit}$$
$$+ \delta_m \sum \text{YEAR}_m + \varepsilon_{ijt} \qquad 模型（4.3）$$

第二种方法是以非明星分析师作为对照组，比较分析师成为明星分析师后其预测的激进度是否会下降。

$$\text{PBOLD}_{ijt} (\text{or BOLDNESS}_{ijt}) = \beta_0 + \beta_1 \text{STAR}_{ijt} + \beta_2 \text{STAR}_{ijt} * \text{POST}_{ijt}$$
$$+ \beta_3 \text{DAYSELAPSED}_{ijt} + \beta_4 \text{HORIZON}_{ijt}$$
$$+ \beta_5 \text{BROKERSIZE}_{ijt} + \beta_6 \text{OTHERNUMBER}_{ijt}$$
$$+ \beta_7 \text{EXPERIENCE}_{ijt} + \beta_8 \text{FIRMSCOVERED}_{ijt}$$
$$+ \beta_9 \text{NANALYST}_{ijt} + \delta_m \sum \text{YEAR}_m + \varepsilon_{ijt}$$

模型（4.4）

根据假设 4.3，非明星分析师成为明星分析师后，其预测的激进度会下降，因此，我们预期变量 POST 的系数 β_1、STAR * POST 的系数 β_2 显著为负。

为了验证本章的第 4 个假设，非明星分析师是否出于竞争策略的选择而发布更激进的预测，从而导致激进预测的信息含量有所不同，本研究同样采用了两种

63

方法来检验。

第一种方法，是以非明星分析师的盈余预测为样本，比较激进预测与非激进预测的信息含量，所使用的检验模型如下：

$$PMAFE_{ijt} = \beta_0 + \beta_1 BOLDNESS_{ijt} + \beta_2 DAYSELAPSED_{ijt} + \beta_3 HORIZON_{ijt}$$
$$+ \beta_4 BROKERSIZE_{ijt} + \beta_5 OTHERNUMBER_{ijt} + \beta_6 EXPERIENCE_{ijt}$$
$$+ \beta_7 FIRMSCOVERED_{ijt} + \beta_8 NANALYST_{ijt} + \delta_m \sum YEAR_m + \varepsilon_{ijt}$$

模型（4.5）

第二种方法，是以分析师的激进盈余预测为样本，比较非明星分析师的激进预测与明星分析师非激进预测的信息含量，所使用的检验模型如下：

$$PMAFE_{ijt} = \beta_0 + \beta_1 NONSTAR_{ijt} + \beta_2 DAYSELAPSED_{ijt} + \beta_3 HORIZON_{ijt}$$
$$+ \beta_4 BROKERSIZE_{ijt} + \beta_5 OTHERNUMBER_{ijt} + \beta_6 EXPERIENCE_{ijt}$$
$$+ \beta_7 FIRMSCOVERED_{ijt} + \beta_8 NANALYST_{ijt} + \delta_m \sum YEAR_m + \varepsilon_{ijt}$$

模型（4.6）

根据假设4.4，非明星分析师是否出于竞争策略的选择而发布更激进的预测，而不是基于更多的信息，因而，其激进预测的信息量有所下降。因此，我们预期变量 BOLDNESS 以及变量 NONSTAR 的系数 β_1 都显著为负。

三、变量定义

在定义本研究所用的变量之前，先以 $BOLDNESS_{ijt}$ 为例所名变量下标 i、j、t 的含义：$BOLDNESS_{ijt}$ 表示分析师 i 对公司 j 发布的关于年度 t 的盈余预测是否为激进预测，也就是 i 代表某个分析师，j 代表分析师所追踪的上市公司，t 则代表分析师发布的盈余预测是关于哪个年度。

本章进行实证检验所用的被解释变量为分析师的激进预测 $BOLDNESS_{ijt}$ 以及激进预测比例 $PBOLD_{ijt}$ 和预测准确度 $PMAFE_{ijt}$，具体的定义和计算方法见下。

$BOLDNESS_{ijt}$：度量分析师盈余预测是否为激进预测，目前，关于分析师盈余预测的激进度有两种方法来度量。

第一种方法来自 Hong 等（2000），通过比较分析师盈余预测与同期其他分析师一致预测的差异来度量该分析师的激进程度。其具体的计算方法为：

第一步，用 F_{ijt} 表示分析师 i 对公司 j 发布的关于第 t 年度的每股收益预测，并按照以下公式算出其他分析师的一致预测：

$$F\_Cons = \frac{1}{n} \sum_{m \in -i} F_{mjt}$$

其中，$-i$ 表示的是分析师 i 之外的其他所有在某一时段（同一季度或同一年度）对 j 公司发布了关于第 t 年度盈余预测的分析师集合，因此，F_Cons 度量的是除分析师 i 以外的所有其他分析师在某一季度或某一年度最近的一致预测。F_Dist$_{ijt}$ = | F_{ijt}-F_Cons | 表示的是分析师 i 与其他分析师一致预测之间的差异的绝对值，其值越大，表明分析师 i 的盈余预测越激进。

第二步，根据公司以及预测期间进行分组，按照分析师与一致预测的偏离度 F_Dist$_{ijt}$ 来排序，F_Dist$_{ijt}$ 值越大，分析师越激进，最激进的分析师排名为 1，然后依次排序，直到最不激进的分析师排名最高，用 rank$_{ijt}$ 表示，如果有两个或以上分析师的得分是一样的，则取这些分析师所占据的排名的中间值作为他们的排名顺序。

第三步，按照以下公式计算每个分析师的激进度得分，分数越高，越接近一百，表示分析师的盈余预测越激进，而最不激进的分析师的激进得分为 0，如果某一期间只有一个分析师追踪该公司，则不算得分。

$$score_{ijt} = 100 - \left[\frac{rank_{ijt} - 1}{number\ of\ analyst_{jt} - 1} \right] * 100$$

第四步，计算每个分析师在一段期间的激进度得分的平均值作为其激进度的度量，例如，第 t 年的激进度得分等于当年的激进度得分等于第 t 年、t-1 年以及 t-2 年这三年的平均值。

这种方法考察的是静态的横向比较关系，更偏向于比较不同分析师在一个较长的时间跨度里表现出来的某类特质，此外，这种方法并没有考虑分析师在不同时间发布的预测所包含信息量的差异。一般来说，分析师在接收到新的信息后才会进行盈余预测的调整，分析师盈余预测调整时间的先后顺序反映了信息量的差异，而 Hong 等（2000）这一方法并没有考虑这一动态的调整过程。

第二种方法以 Clement 和 Tse（2005）和 Yin 和 Zhang（2014）为代表，通

过比较分析师新的预测与前次预测以及一致预测的关系来度量该分析师的激进程度。如图 4-1 所示，如果分析师预测高于其先前的预测或一致预测，或者低于两者，则将预测分类为激进预测，并将所有其他预测归类为羊群预测。这一定义侧重于反映分析师预测的调整过程，因为它们将分析师的信息传达给投资者，之前的研究表明，投资者对激进预测调整的反应要强于羊群预测调整。然而，分析师预测与一致预测之间的（绝对）距离也可能为决策者，特别是分析师，投资者和雇主提供信息。因此，Clement 和 Tse（2005）关于激进预测的度量方法如下：

图 4-1 激进预测和羊群预测：根据盈余预测调整进行的分类

首先，F_{ijt} 表示分析师 i 在某一时点发布的公司 j 第 t 年度的每股收益预测调整，同时，如图 4-2 所示，算出在这一时间点的前 90 天内所有分析师发布的关于公司 j 第 t 年度盈余预测的平均值，即一致预测：

$$F\_Cons = \frac{1}{n} \sum_m F_{mjt}$$

其次，如果 F_{ijt} 同时大于或同时小于其先前的预测以及一致预测，则认为分析师预测是激进预测，$Bold_{ijt}$ 取值为 1，否则，取值为 0。

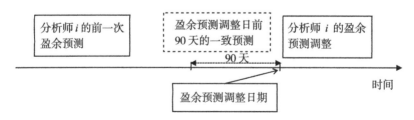

图 4-2 盈余预测调整的时间线以及分析师决策过程的信息输入

由于 Hong 等（2000）关于激进预测的度量方法没有考虑分析师预测的动态调整，因此，本研究借鉴的是 Clement 和 Tse（2005）以及 Yin 和 Zhang（2014）的方法来度量分析师激进预测。这种方法更具有合理性，因为分析师在发布预测时会参考发布之前其他分析师已经发布的盈利预测（Clement 等，2011）。如果分析师发布的预测同时大于其先前的预测以及前 90 天内的一致预测，或同时小于，则取值为 1，否则为 0。

PBOLD$_{ijt}$：度量分析师在一定期间发布激进预测的比例，其计算的方法如下所示，其值越大，表示分析师发布激进预测的概率越大。

$$PBOLD_{ijt} = \frac{\text{number of analyst}_i\text{'s Boldness forecast}}{\text{number of analyst}_i\text{'s earnings forecast for firm}_j}$$

PMAFE$_{ijt}$：相对预测准确度来度量分析师盈余预测的准确度，具体的计算方法为如下：

$$PMAFE_{ijt} = -1 * \frac{AFE_{ijt} - \overline{AFE_{jt}}}{\overline{AFE_{jt}}}$$

其中，AFE$_{ijt}$是指分析师 i 对公司 j 发布的关于 t 年度盈余预测误差的绝对值；$\overline{AFE_{ijt}}$是所有分析师对公司 j 发布的关于 t 年度盈余预测误差绝对值的均值。减去 $\overline{AFE_{ijt}}$，可以控制公司及年度的固定效应，用 $\overline{AFE_{ijt}}$ 进行标准化可以降低不同公司预测误差分布的异方差（Clement，1999）。之所以乘上−1，是为了方便理解，PMAFE 取值越大，分析师盈余预测准确度越高。

本章实证检验模型中的解释变量包括分析师是否为明星分析师的虚拟变量 NONSTAR$_{ijt}$、投票期间的虚拟变量 VOT_PERIOD$_{ijt}$等，并控制了分析师从业经验等。本章检验模型中涉及的所有变量的具体定义详见表 4-1。

表 4-1　　　　　　　　　　　　　　　变量定义表

变 量 名	变 量 定 义
BOLDNESS$_{ijt}$	分析师发布的盈余预测是否激进，如果该盈余预测高于其先前的预测和前 90 天内一致预测，或者低于两者，则将其视为激进预测，BOLDNESS 取值为 1，否则为 0。

续表

变 量 名	变 量 定 义
PBOLD$_{ijt}$	度量分析师在一定期间发布激进预测的比例。
PMAFE$_{ijt}$	分析师的相对预测准确度。
NONSTAR$_{ijt}$	是指分析师是否为明星分析师的虚拟变量，如果分析师当年为新财富最佳分析师，则取值为 0，否则为 1。
VOT_PERIOD$_{ijt}$	投票期间的虚拟变量，本研究以投票截止日为时间点，往前推算 180 天作为投票期间，取值为 1，否则为 0。由于分析师正式投票前就已经开始为此做准备，因而，取 180 天作为投票期是比较合适的。
STAR$_{ijt}$	分析师是否为明星分析师的虚拟变量，如果分析师当年为新财富最佳分析师，则取值为 1，否则为 0。
POST$_{ijt}$	分析师是否被评选为明星分析师的虚拟变量，当选为明星分析师则为 1，否则为 0。
DAYSELAPSED$_{ijt}$	分析师 i 发布预测之前离该预测公告时间最近的一次任意一个分析师发布的预测过去的天数再取对数，如某分析师 i 在 1 月 29 日发布盈余预测，而在他之前，任意的一个分析师最近发布的预测为 1 月 9 日，DAYSELAPSED$_{ijt}$ 则取值为 20 的对数。由于分析师在发布预测时会参考发布之前其他分析师已经发布的盈利预测，该值越小，分析师越可能受到最近一次预测的影响，在模型中加入该变量来控制其他分析师盈余预测的影响。
HORIZON$_{ijt}$	指分析师盈余预测报告发布日距离盈余公告日的天数。
BROKERSIZE$_{ijt}$	指分析师所在证券公司的规模，其值的计算方法是每年对每个证券公司对外发布预测报告的分析师人数加 1 之后取对数。
OTHERNUMBER$_{ijt}$	表示分析师盈利预测公告前 90 天其他分析师发布的研究报告的份数，取值为研究报告数量的对数。
EXPERIENCE$_{ijt}$	是指分析师的从业经验，为分析师在该行业的从业年数。
FIRMSCOVERED$_{ijt}$	表示分析师在一年度内跟踪的公司数量，其计算方法是对每个分析师每年所追踪的公司数量加上 1 之后再取对数，可以用来控制分析师挖掘公司信息的专注度，分析师追踪的公司数量越多，对特定公司的信息挖掘所投入的时间和精力越少，对公司特质信息的供给可能也越少，从而减少其预测报告中所含的信息量。

续表

变量名	变 量 定 义
NANALYST$_{ijt}$	表示跟踪同一家公司的分析师人数，对每年追踪某一上市公司的分析师数量取对数，可用来控制追踪同一上市公司分析师之间的竞争程度。
YEAR$_{ijt}$	年度虚拟变量。

第三节　实　证　检　验

一、描述性统计和相关系数分析

表4-2为本章进行实证检验所用样本中所有主要变量的描述性统计。在表4-2的 Panel A 中，变量 PBOLD 是指分析师在一年内所发布的激进预测占其所发盈余预测数的比例，取的是年度值，因此，相应的其他变量取的也是年度的平均值。而在表4-2的 Panel B 中，BOLDNESS 是指分析师每次发布的盈余预测是否为激进预测。从表4-2的 Panel A 中可以看到，从2003年到2017年，对分析师每年发布的激进预测比例进行检验的总样本量为148021个，而在 Panel B 中可以知道，对分析师是否发布激进预测进行检验的样本量为290120。

表4-2　　　　　　　　　分析师激进预测的描述性统计

Variable	N	Mean	Sd	min	Q1	Mid	Q3	max
Panel A：PBOLD 模型所用样本的描述性统计								
PBOLD	148021	0.7005	0.3673	0	0.5	1	1	1
NONSTAR	148021	0.8413	0.3654	0	1	1	1	1
DAYSELAPSED	148021	15.57	18.59	1	1.333	8	22.89	90
HORIZON	148021	202	90.36	0	144	207	258	502
BROKERSIZE	148021	31.52	15.03	1	20	31	41	79
OTHERNUMBER	148021	7.697	6.777	1	3	6	10.5	69
EXPERIENCE	148021	4.09	2.595	1	2	3	6	17

续表

Variable	N	Mean	Sd	min	Q1	Mid	Q3	max
FIRMSCOVERED	148021	25. 58	28. 54	1	10	17	30	292
NANALYST	148021	16. 19	9. 157	2	9	15	22	53
Panel B：BOLDNESS 模型所用样本的描述性统计								
BOLDNESS	290120	0. 5967	0. 4906	0	0	1	1	1
NONSTAR	290120	0. 8058	0. 3956	0	1	1	1	1
DAYSELAPSED	290120	15. 17	20. 26	1	1	5	22	90
HORIZON	290120	201	97. 61	0	137	207	266	502
BROKERSIZE	290120	33. 26	14. 73	1	23	32	44	79
OTHERNUMBER	290120	8. 823	8. 138	1	3	6	12	78
EXPERIENCE	290120	4. 234	2. 613	1	2	4	6	17
FIRMSCOVERED	290120	26. 55	27. 41	1	11	19	32	292
NANALYST	290120	17. 42	9. 353	2	10	16	23	53

从表4-2 的 Panel A 中可以看到：变量 PBOLD 是最小值为 0，最大值为 1，均值为 0.7，表示平均每个分析师每年度发布激进预测的比例为 0.7；变量 NONSTAR 指分析师是否为非明星分析师，其均值为 0.84，即有 84.13% 的预测报告并不是明星分析师所发布，明星分析师发布的预测报告在样本所占比例不到 16%，这意味着明星分析师的竞争还是很激烈的。变量 DAYSELAPSED 为距离分析师发布预测之前最近的一次预测与当次预测相差天数的年度平均值，在分析师激进预测概率的样本中取的是当年的所有预测相差天数的平均值，样本的均值为 15.57，表示平均而言，分析师每年每隔 15.57 天发布一次预测报告，最小值为 1.333，最大值为 90；变量 HORIZON 为分析师预测公告日距离盈余公告日的天数，在分析师激进预测概率的样本中取的仍然是当年的所有预测距离上市公司盈余公告日天数的平均值，其均值为 202；变量 BROKERSIZE 为分析师所在券商的规模，平均值为 31.52，表明平均每个券商有 31.52 个分析师对外发布预测报告，其最小值为 1，最大值为 79，由此可知，不同券商之间的规模相差也是比较大的；变量 OTHERNUMBER 表示平均每年分析师预测公告前 90 天有多少份预测报告，在分析师激进预测概率的样本中取得当年的平均值，其均值为 7.70，表示平

均而言，每个季度有 7.7 份分析师预测报告；从变量 EXPERIENCE 可以看到，分析师的平均工作年限只有 4.09 年，工作经验最大的是 17 年，可见分析师行业在我国还是一个相对新兴的职业；变量 FIRMSCOVERED 指每年分析师跟踪的上市公司数量，其均值为 25.58，即平均每年每个分析师跟踪 25.58 个上市公司，中位数为 17，跟踪数量最多的分析师在同一年为 292 家上市公司发布预测报告；变量 NANALYST 反映的是上市公司平均每年被多少个分析师所跟踪的情况，其均值为 16.19，意味着平均每个公司有 16.19 个分析师在跟踪，最小值是 2，最大值值是 53，说明上市公司之间的信息环境存在着很大的差异。

从表 4-2 的 Panel B 中可以看到，变量 BOLDNESS 指分析师发布的预测是否激进，其均值为 0.60，表示平均每个分析师发布了 0.6 次激进预测；变量 DAYSELAPSED 为距离分析师发布预测之前最近的一次预测与当次预测相差的天数，其均值为 15.17，表示平均而言，分析师每隔 15.17 天发布一次预测报告，最小值为 1，最大值为 90；变量 HORIZON 为分析师预测公告日距离盈余公告日的天数，其均值为 201 天，最小值为 0，意味着有些分析师在盈余公告日的当天也发布了盈余预测；变量 BROKERSIZE 为分析师所在券商的规模，平均值为 33.26，表明平均每个券商有 33.26 个分析师对外发布盈余预测；变量 OTHERNUMBER 表示分析师预测公告前 90 天有多少份预测报告，在分析师激进预测概率的样本中取得当年的平均值，其均值为 8.82，表示平均而言，每个季度有 8.82 份盈余预测报告；从变量 EXPERIENCE 可以看到，分析师的平均工作年限只有 4.23 年，这意味着分析师行业从业人员的流动率水平较高；变量 FIRMSCOVERED 指每个分析师跟踪的上市公司数量，其均值为 26.55，表示平均而言，每个分析师跟踪了 26.55 家上市公司，最小值为 1，最大值为 292，由此可知，分析师之间跟踪的公司数量存在巨大的差异；变量 NANALYST 反映的是上市公司被多少个分析师所跟踪的情况，其均值为 17.42，意味着平均每个上市公司有 17.42 个分析师在跟踪，最小值为 2，中位数是 16，最大值值是 53，由此可知，不同上市公司间信息环境的差异比较大。

在表 4-2 的 Panel A 和 Panel B 中，无论是年度平均值，还是分析师各个预测报告样本点的值，所有变量之间的描述性统计的差异并不大。

表 4-3 列出的是本章主要变量间的 Pearson 相关系数矩阵。从表 4-3 可以看到，变量 PBOLD 和变量 NONSTAR 显著正相关，而变量 BOLDNESS 和变量 NONSTAR

表 4-3

主要变量的相关系数

Panel A：PBOLD 模型所用样本中变量的相关系数

Variables	PBOLD	NONSTAR	DAYSELAPSED	HORIZON	BROKERSIZE	OTHERNUMBER	EXPERIENCE	FIRMSCOVERED	NANALYST
PBOLD	1								
NONSTAR	0.106***	1							
DAYSELAPSED	-0.025***	0.00300	1						
HORIZON	-0.067***	-0.037***	-0.185***	1					
BROKERSIZE	-0.130***	-0.262***	-0.00200	0.021***	1				
OTHERNUMBER	-0.019***	0.030***	-0.313***	-0.113***	-0.030***	1			
EXPERIENCE	-0.165***	-0.226***	-0.031***	0.039***	0.108***	0.009***	1		
FIRMSCOVERED	-0.027***	-0.100***	0.014***	0.021***	-0.095***	-0.025***	0.259***	1	
NANALYST	-0.014***	0.038***	-0.319***	0.065***	-0.020***	0.682***	-0.00400	-0.062***	1

续表

Panel B：BOLDNESS 模型所用样本中变量的相关系数

Variables	PBOLD	NONSTAR	DAYSELAPSED	HORIZON	BROKERSIZE	OTHERNUMBER	EXPERIENCE	FIRMSCOVERED	NANALYST
BOLDNESS	1								
NONSTAR	0.072***	1							
DAYSELAPSED	0.009***	0.009***	1						
HORIZON	0.043***	−0.033***	−0.163***	1					
BROKERSIZE	−0.096***	−0.247***	−0.016***	0.016***	1				
OTHERNUMBER	−0.099***	0.00300	−0.283***	−0.152***	0.007***	1			
EXPERIENCE	−0.109***	−0.222***	−0.025***	0.007***	0.087***	0.019***	1		
FIRMSCOVERED	−0.019***	−0.119***	0.014***	0.022***	−0.110***	−0.026***	0.240***	1	
NANALYST	−0.040***	0.018***	−0.286***	0.047***	0.004**	0.627***	0.00300	−0.060***	1

注：*，**，***分别表示10%，5%，1%的显著性水平。

也存在显著的正相关关系。从而为本研究的假设 4.1 提供了初步的证据支持，即与明星分析师相比，非明星分析师更可能发布激进预测来提高自己上榜明星分析师的概率。由表 4-3 可以看到，大多数变量间的相关系数较小，这表明多重共线性的可能性较低。

二、实证检验结果

1. 假设 4.1 的实证分析

（1）假设 4.1 的单变量检验

表 4-4 为假设 4.1 的单变量检验结果。从表 4-4 中可以看到，148021 个盈余预测样本中，有 124536 个样本是由非明星分析师发布的，而明星分析师则发布了 23485 个盈余预测。对于分析师激进预测概率，非明星分析师激进预测概率的均值为 0.7173，明星分析师激进预测概率的均值则为 0.6110，差异为 0.1063，均值检验的 t 值为 40.9141，表明两者之间的差异在 1% 的水平上显著。同样的，290120 个样本中，非明星分析师发布了 233775 个盈利预测，而明星分析师则发布了 56345 个盈余预测。对于分析师激进预测，非明星分析师激进预测的均值为 0.6142，明星分析师激进预测概率的均值则为 0.5243，差异为 0.0899，均值检验的 t 值为 39.1427，表明两者在 1% 的水平上显著差异。由此可以知道，在整体上，非明星分析师发布的预测比明星分析师更为激进。

表 4-4　　　　　　　　　　　　假设 4.1 单变量检验结果

	PBOLD		BOLDNESS	
	样本量	均值	样本量	均值
非明星分析师的预测（1）	124536	0.7173	233775	0.6142
明星分析师的预测（0）	23485	0.6110	56345	0.5243
差异（1−0）		0.1063		0.0899
样本均值 T 检验		40.9141		39.1427

（2）假设 4.1 的多元回归检验

表 4-5 和表 4-6 是对假设 4.1 进行多元回归的检验结果，表 4-5 的被解释变量为年度分析师激进预测的比例 PBOLD，表 4-6 的被解释变量为分析师盈余预测是否激进 BOLDNESS。

表 4-5　　　　　　　　　非明星分析师发布的预测是否更激进

VARIABLES	(1) PBOLD	(2) PBOLD	(3) PBOLD	(4) PBOLD
NONSTAR	0.027*** (10.20)	0.027*** (9.31)	0.065*** (8.46)	0.065*** (8.26)
DAYSELAPSED	−0.035*** (−41.35)	−0.035*** (−36.04)	−0.117*** (−45.06)	−0.117*** (−38.21)
HORIZON	−0.059*** (−41.42)	−0.059*** (−34.04)	−0.199*** (−42.92)	−0.199*** (−32.91)
BROKERSIZE	−0.058*** (−35.41)	−0.058*** (−33.64)	−0.195*** (−37.85)	−0.195*** (−34.41)
OTHERNUMBER	−0.022*** (−15.52)	−0.022*** (−11.22)	−0.080*** (−17.95)	−0.080*** (−13.34)
EXPERIENCE	−0.110*** (−52.32)	−0.110*** (−42.14)	−0.328*** (−51.36)	−0.328*** (−43.28)
FIRMSCOVERED	−0.006*** (−5.44)	−0.006*** (−5.17)	−0.030*** (−8.39)	−0.030*** (−7.54)
NANALYST	0.001 (0.37)	0.001 (0.27)	−0.007 (−1.03)	−0.007 (−0.75)
CONSTANT	1.539*** (73.78)	1.539*** (83.06)	4.058*** (51.72)	4.058*** (44.45)
YEAR	Yes	Yes	Yes	Yes
Fix		Firm		Firm
N	148021	148021	148021	148021

续表

VARIABLES	(1) PBOLD	(2) PBOLD	(3) PBOLD	(4) PBOLD
Sigma			0.907***	0.907***
Adj R2	0.082	0.082		

注：模型（1）、（2）是 OLS 回归，模型（3）、（4）是 Tobit 回归；括号中是 *t* 值，*、
、*分别表示10%、5%、1%的显著性水平。

表4-6　　　　　　　　非明星分析师发布的预测是否更激进

VARIABLES	(1) BOLDNESS	(2) BOLDNESS	(3) BOLDNESS	(4) BOLDNESS
NONSTAR	**0.020*** (8.19)**	**0.020*** (6.81)**	**0.077*** (7.50)**	**0.077*** (6.38)**
DAYSELAPSED	-0.012*** (-16.24)	-0.012*** (-14.42)	-0.054*** (-16.31)	-0.054*** (-14.46)
HORIZON	0.014*** (11.23)	0.014*** (8.71)	0.059*** (11.28)	0.059*** (8.82)
BROKERSIZE	-0.065*** (-37.11)	-0.065*** (-27.63)	-0.291*** (-37.30)	-0.291*** (-27.28)
OTHERNUMBER	-0.045*** (-36.50)	-0.045*** (-20.74)	-0.195*** (-36.09)	-0.195*** (-20.82)
EXPERIENCE	-0.083*** (-40.39)	-0.083*** (-29.92)	-0.358*** (-40.11)	-0.358*** (-30.08)
FIRMSCOVERED	-0.013*** (-10.78)	-0.013*** (-8.55)	-0.060*** (-11.02)	-0.060*** (-8.61)
NANALYST	-0.005** (-2.24)	-0.005 (-1.35)	-0.020** (-2.25)	-0.020 (-1.35)
CONSTANT	1.139*** (44.30)	1.139*** (61.07)	3.373*** (18.73)	3.373*** (18.76)

VARIABLES	(1) BOLDNESS	(2) BOLDNESS	(3) BOLDNESS	(4) BOLDNESS
YEAR	Yes	Yes	Yes	Yes
FIX		Firm		Firm
N	290120	290120	290120	290120
Adj R2	0.047	0.047		
Pseudo R2			0.036	0.036

注：模型（1）、（2）是 OLS 回归，模型（3）、（4）是 Logit 回归；括号中是 t 值或 z 值，*、**、***分别表示 10%、5%、1%的显著性水平。

在表 4-5 中，第（1）、（2）列使用的是 OLS 回归模型，（3）、（4）列使用的是双截尾的 Tobit 模型，其中第（2）、（4）列固定了公司效应。由第（1）列可以看到，变量 NONSTAR 的系数为 0.027，t 值为 10.20，其系数在 1%的水平上显著为正，这意味着与明星分析师相比，非明星分析师发布激进盈利预测的概率更高，验证了本研究的假设 4.1。变量 DAYSELAPSED 的系数在 1%的水平上显著为负，表明距离以前最近的一次任意分析师预测的时间越短，分析师发布激进预测的比例越大，可能的解释是，距离以前最近一次分析师预测发布的时间越短，分析师越需要通过发布激进预测来增加自己的辨识度。变量 HORIZON、BROKERSIZE、OTHERNUMBER、EXPERIENCE、FIRMSCOVERED 的系数都在 1%的水平上显著为负，表明离盈余公告日越远、分析师所在券商的规模越大、分析师预测发布前 90 天内盈余预测的次数越多、分析师从业时间越长、分析师本身追踪的公司越多，分析师发布激进预测的比例越低。由表 4-5 的第（2）列可知，在固定了公司效应后，变量 NONSTAR 的系数仍然显著为正，而由表 4-5 的第（3）、（4）列可知，在改用 Tobit 模型后，变量 NONSTAR 的系数也仍然显著为正。因此，无论是固定公司效应、还是更换检验模型，本研究的假设 4.1 的结果都是稳健的。

在表 4-6 中，第（1）、（2）列使用的是 OLS 回归模型，（3）、（4）列使用的是 Logit 回归模型，其中第（2）、（4）列固定了公司效应。在表 4-6 的第

（1）、（3）列可以看到，变量 NONSTAR 的系数分别为 0.02 和 0.08，其系数的显著水平均为 1%，这意味着与明星分析师相比，非明星分析师更可能发布激进的盈利预测，也验证了本研究的假设 4.1。变量 DAYSELAPSED 的系数在1% 的水平上显著为负，表明距离以前最近的一次任意分析师预测的时间越短，分析师越可能发布激进预测，可能的解释是，距离以前最近一次分析师预测发布的时间越短，分析师越需要通过发布激进预测来增加自己的辨识度。变量 HORIZON 的系数也在 1% 的水平上显著为正，这表示，距离盈余公告日越近，分析师越不可能发布激进预测，可能的解释是：由于分析师发布激进预测的目的更多的是出于竞争策略的选择，而不是基于更多的信息量，因而其激进预测本身可能就是更不准确的预测，而分析师预测的质量往往通过其准确度来评价，因而，分析师需要在激进度和准确度之间进行权衡，随着盈余公告日的接近，分析师的准确度对分析师的重要性也在上升，因此分析师更可能发布准确的而不是激进的预测，例如 Mikhail 等（1999）发现，如果分析师预测的准确性低于同行，则更有可能离职。变量 BROKERSIZE、OTHERNUMBER、EXPERIENCE、FIRMSCOVERED、NANALYST 的系数都在 1% 的水平上显著为负，表明分析师所在券商的规模越小、分析师预测发布前 90 天内盈余预测的次数越少、分析师从业时间越短、分析师本身追踪的公司越少，分析师越可能发布激进的盈余预测。从表 4-6 的第（2）、（4）列可以知道，在固定了公司效应后，无论是 OLS 模型还是 Logit 模型中，NONSTAR 的系数也都是显著为正，这表明本研究的实证结果是稳健的。

2. 假设 4.2 的实证分析

（1）假设 4.2 的单变量检验

表 4-7 为假设 4.2 的单变量检验结果，Panel A 是关于分析师激进预测比例 PBOLD 的单变量检验，而 Panel B 则是关于分析师激进预测 BOLDNESS 的单变量检验。在本研究中，我们把每个年度分为投票期和非投票期，并分别计算了投票期间和非投票期间分析师发布激进预测的比例。

表 4-7   假设 4.2 单变量检验

	非投票期（0）		投票期（1）		差异	样本均值 T 检验
	样本量	均值	样本量	均值		
Panel A：PBOLD						
非明星分析师的预测（1）	71185	0.6724	83989	0.7025	0.0300859	14.6064
明星分析师的预测（0）	15226	0.5790	16941	0.5993	0.0202	4.331
差异（1-0）		0.0934		0.1032	0.0098	
样本均值 T 检验		24.7086		31.2556		
Panel B：BOLDNESS						
非明星分析师的预测（1）	100792	0.6072	132983	0.6194	0.0122863	6.0439
明星分析师的预测（0）	24604	0.5244	31741	0.5242	0.0002	0.0486
差异（1-0）		0.0828		0.0953	0.0124925	
样本均值 T 检验		23.7287		31.2354		

从表 4-7 的 Panel A 中可以看到，187341 个盈余预测样本中，有 155174 个样本是由非明星分析师发布的，而明星分析师则发布了 32167 个盈余预测，在投票期，所有分析师共发布了 86411 个盈余预测，投票期间发布的盈余预测数量则为 100930。在非投票期，非明星分析师发布激进预测比例的均值为 0.6724，明星分析师发布激进预测比例的均值则为 0.5790，差异为 0.0934，均值检验的 t 值为 24.7086，表明两者在 1% 的水平上显著差异。在投票期，非明星分析师发布激进预测比例的均值为 0.7025，明星分析师发布激进预测比例的均值则为 0.5993，差异为 0.1032，均值检验的 t 值为 31.2556，表明两者的差异在 1% 的水平上显著。非明星分析师激进预测的比例在非投票期和投票期的差异为 0.0301，且在 1% 的水平上显著，而明星分析师激进预测的比例在非投票期和投票期的差异仅为 0.0202。

从表 4-7 的 Panel B 中可以看到，290120 个样本中，分析师在非投票期共发布了 125396 个盈余预测，投票期间则为 164724。在非投票期，非明星分析师发布的激进预测均值为 0.6072，明星分析师发布的激进预测均值则为 0.5244，两者之间的差异为 0.0828，均值检验 t 值为 23.7287，意味着该差异在 1% 的水平上显著。在投票期，非明星分析师发布的激进预测均值为 0.6194，明星分析师发布的激进预测均值则为 0.5242，差异为 0.0953，均值检验 t 值为 31.2354，表明两者之间的差异在 1% 的水平上显著。非明星分析师在非投票期和投票期激进预测均值的差异为 0.0123，且二者之间的差异在 1% 的水平上显著，而明星分析师在非投票期和投票期激进预测均值的差异仅为 0.0002，且二者之间的差异也并不显著。

从表 4-7 的 Panel A 和 Panel B 中可以看到，在整体上，分析师在投票期比非投票期发布的盈余预测更为激进，而非明星分析师比明星分析师发布的盈余预测也更为激进。

（2）假设 4.2 的多元回归检验

表 4-8 和表 4-9 是对假设 4.2 进行多元回归的检验结果，表 4-8 的被解释变量为某一期间（投票期和非投票期）分析师激进预测的比例 PBOLD，表 4-9 的被解释变量分析师的盈余预测是否激进 BOLDNESS。

表 4-8　　　　　　　　　　　**非明星分析师在投票期是否更激进**

VARIABLES	(1) PBOLD	(2) PBOLD	(3) PBOLD	(4) PBOLD
NONSTAR	0.019 ***	0.019 ***	0.062 ***	0.062 ***
	(5.27)	(4.85)	(4.03)	(3.89)
VOT_PERIOD	0.040 ***	0.040 ***	0.165 ***	0.165 ***
	(8.90)	(8.03)	(8.76)	(8.36)
NONSTAR ∗ **VOT_PERIOD**	**0.009 ***	**0.009 ***	**0.037 ***	**0.037 ***
	(1.77)	**(1.74)**	**(1.83)**	**(1.90)**
DAYSELAPSED	−0.029 ***	−0.029 ***	−0.140 ***	−0.140 ***
	(−35.51)	(−30.86)	(−38.19)	(−32.54)
HORIZON	−0.038 ***	−0.038 ***	−0.175 ***	−0.175 ***
	(−24.67)	(−19.29)	(−25.17)	(−19.39)
BROKERSIZE	−0.061 ***	−0.061 ***	−0.287 ***	−0.287 ***
	(−35.81)	(−33.04)	(−37.58)	(−33.26)
OTHERNUMBER	−0.026 ***	−0.026 ***	−0.123 ***	−0.123 ***
	(−19.27)	(−13.21)	(−20.36)	(−14.71)
EXPERIENCE	−0.097 ***	−0.097 ***	−0.419 ***	−0.419 ***
	(−45.70)	(−37.75)	(−45.14)	(−36.43)

续表

VARIABLES	(1) PBOLD	(2) PBOLD	(3) PBOLD	(4) PBOLD
FIRMSCOVERED	−0.013***	−0.013***	−0.066***	−0.066***
	(−10.63)	(−10.15)	(−12.56)	(−11.45)
NANALYST	−0.009***	−0.009***	−0.044***	−0.044***
	(−4.23)	(−3.00)	(−4.81)	(−3.42)
CONSTANT	1.443***	1.443***	5.087***	5.087***
	(62.03)	(76.00)	(40.33)	(37.13)
YEAR	Yes	Yes	Yes	Yes
FIX		Firm		Firm
N	187341	187341	187341	187341
Sigma			1.443***	1.443***
Adj R2	0.061	0.061		

注：模型（1）、（2）是 OLS 回归，模型（3）、（4）是 Tobit 回归；括号中是 t 值，*、**、***分别表示10%、5%、1%的显著性水平。

表4-9　　　　　　　**非明星分析师在投票期是否更激进**

VARIABLES	(1) BOLDNESS	(2) BOLDNESS	(3) BOLDNESS	(4) BOLDNESS
NONSTAR	0.013***	0.013***	0.050***	0.050***
	(3.82)	(3.45)	(3.29)	(3.04)
VOT_PERIOD	−0.008*	−0.008	−0.033*	−0.033
	(−1.79)	(−1.55)	(−1.84)	(−1.62)
NONSTAR * VOT_PERIOD	**0.011****	**0.011****	**0.049****	**0.049****
	(2.46)	**(2.36)**	**(2.52)**	**(2.46)**
DAYSELAPSED	−0.012***	−0.012***	−0.054***	−0.054***
	(−16.23)	(−14.39)	(−16.30)	(−14.44)
HORIZON	0.013***	0.013***	0.057***	0.057***
	(9.54)	(7.17)	(9.56)	(7.21)

续表

VARIABLES	(1) BOLDNESS	(2) BOLDNESS	(3) BOLDNESS	(4) BOLDNESS
BROKERSIZE	−0.065 ***	−0.065 ***	−0.291 ***	−0.291 ***
	(−37.10)	(−27.62)	(−37.29)	(−27.28)
OTHERNUMBER	−0.045 ***	−0.045 ***	−0.195 ***	−0.195 ***
	(−36.31)	(−20.70)	(−35.92)	(−20.79)
EXPERIENCE	−0.083 ***	−0.083 ***	−0.358 ***	−0.358 ***
	(−40.31)	(−29.91)	(−40.04)	(−30.08)
FIRMSCOVERED	−0.013 ***	−0.013 ***	−0.060 ***	−0.060 ***
	(−10.82)	(−8.60)	(−11.06)	(−8.65)
NANALYST2	−0.004 **	−0.004	−0.020 **	−0.020
	(−2.18)	(−1.32)	(−2.20)	(−1.32)
CONSTANT	1.147 ***	1.147 ***	3.410 ***	3.410 ***
	(44.06)	(58.99)	(18.84)	(18.83)
YEAR	Yes	Yes	Yes	Yes
FIX		Firm		Firm
N	290120	290120	290120	290120
Adj R2	0.047	0.047		
Pseudo R2			0.036	0.036

注：模型（1）、（2）是 OLS 回归，模型（3）、（4）是 Logit 回归；括号中是 t 值或 z 值，* 、** 、*** 分别表示 10%、5%、1%的显著性水平。

在表4-8中，第（1）、（2）列使用的是 OLS 回归模型，（3）、（4）列使用的是双截尾的 Tobit 模型，其中第（2）、（4）列固定了公司效应。由表4-8 的第（1）列可以看到，变量 NONSTAR * VOT_PERIOD 的系数为 0.009，t 值为 1.77，其系数在 10%的水平上显著为正，这意味着与非投票期相比，非明星分析师在投票期发布激进盈利预测的概率更高，验证了本研究的假设 4.2。由表4-8 的第（2）列可知，在固定了公司效应后，变量 NONSTAR * VOT_PERIOD 的系数仍然显著为正。而由表4-8 的第（3）、（4）列可知，在改用 Tobit 模型以及改用 Tobit 模型并固定公司效应后，变量 NONSTAR * VOT_PERIOD 的系数仍然显著为正。

在表4-9中，第（1）、（2）列使用的是OLS回归模型，（3）、（4）列使用的是Logit回归，其中第（2）、（4）列固定了公司效应。在表4-9的第（1）、（3）列可以看到，NONSTAR * VOT_PERIOD 的系数为 0.011，t 值为 2.46，其系数在5%的水平上显著为正，即与非投票期相比，非明星分析师在投票期更可能发布激进盈利预测。从表4-9的第（2）、（4）中可以看到，在固定了公司效应后，NONSTAR * VOT_PERIOD 的系数仍然显著为正，假设4.2仍然是成立的。

3. 假设4.3的实证分析

（1）假设4.3的单变量检验

表4-10是假设4.3的单变量检验结果。为了验证非明星分析师成为明星分析师后，其激进预测行为是否发生变化，本研究以评选上的明星分析师作为研究对象，比较评选上明星分析师当年和后一年的激进预测的变化情况。

从表4-10中可以看到，对于分析师激进预测比例PBOLD，在24601个盈余预测样本中，有16400个样本是分析师在当选明星分析师之前发布的，其均值为0.6970，而当选后则发布了8201个盈余预测，其均值为0.6324，当选明星分析师前后，分析师激进预测比例的均值差异为0.0646，二者之间的差异在1%的水平上显著。对于分析师发布预测是否激进BOLDNESS，54532个预测样本中，分析师在评选上明星分析师之前共发布了34924个盈余预测，其均值为0.5867，在评选上明星分析师之后共发布了19608个盈余预测，其均值为0.5358，分析师评选上明星分析师前后一年其激进预测的均值差异为0.0510，单变量检验 t 值为11.5416，表明两者之间的差异在1%的水平上显著。由此可以看到，在整体上，在当选明星分析师之后，分析师发布的激进预测有所下降。

表4-10　　　　　　　　　　　假设4.3单变量检验

	PBOLD		BOLDNESS	
	样本量	均值	样本量	均值
当选前（1）	16400	0.6970	34924	0.5867
当选后（0）	8201	0.6324	19608	0.5358

	PBOLD		BOLDNESS	
	样本量	均值	样本量	均值
差异（1-0）		0.0646		0.0510
样本均值 t 检验		13.1182		11.5416

（2）假设 4.3 的多元回归检验

本研究采用了两种方法来检验分析师在评选上明星分析师前后，是否会改变激进预测行为。第一种方法是直接比较分析师在上榜明星分析师前后一年的激进预测的变化，其实证结果见表 4-11 和表 4-12；第二种方法是以未上榜分析师作为控制组，然后再比较上榜分析师前后一年其激进预测的变化情况，其实证结果详见表 4-13 和表 4-14。

表 4-11　　　当选明星分析师后，分析师的激进预测是否下降

VARIABLES	（1）PBOLD	（2）PBOLD	（3）PBOLD	（4）PBOLD
POST	−0.026*** (−5.15)	−0.026*** (−4.92)	−0.073*** (−5.64)	−0.073*** (−5.56)
DAYSELAPSED	−0.045*** (−22.07)	−0.045*** (−21.51)	−0.131*** (−23.55)	−0.131*** (−22.14)
HORIZON	−0.063*** (−19.11)	−0.063*** (−17.47)	−0.182*** (−19.86)	−0.182*** (−16.81)
BROKERSIZE	−0.045*** (−6.57)	−0.045*** (−6.13)	−0.128*** (−7.15)	−0.128*** (−6.50)
OTHERNUMBER	−0.042*** (−11.70)	−0.042*** (−10.26)	−0.122*** (−12.48)	−0.122*** (−10.64)
EXPERIENCE	−0.139*** (−23.87)	−0.139*** (−21.93)	−0.360*** (−23.51)	−0.360*** (−22.01)

续表

VARIABLES	(1) PBOLD	(2) PBOLD	(3) PBOLD	(4) PBOLD
FIRMSCOVERED	−0.016*** (−4.99)	−0.016*** (−4.88)	−0.051*** (−5.99)	−0.051*** (−5.60)
NANALYST	0.018*** (3.49)	0.018*** (3.10)	0.037*** (2.67)	0.037** (2.29)
CONSTANT	1.563*** (31.25)	1.563*** (34.58)	3.534*** (24.51)	3.534*** (23.72)
YEAR	Yes	Yes	Yes	Yes
FIX		Firm		Firm
N	24601	24601	24601	24601
Sigma			0.801***	0.801***
Adj R2	0.080	0.080		

注：模型（1）、（2）是 OLS 回归，模型（3）、（4）是 Tobit 回归；括号中是 t 值，*、**、***分别表示10%、5%、1%的显著性水平。

表4-12　　　当选明星分析师后，分析师的激进预测是否下降

VARIABLES	(1) BOLDNESS	(2) BOLDNESS	(3) BOLDNESS	(4) BOLDNESS
POST	**−0.015*** (−3.14)	**−0.015*** (−2.64)	**−0.062*** (−3.16)	**−0.062*** (−2.68)
DAYSELAPSED	−0.014*** (−8.06)	−0.014*** (−7.75)	−0.060*** (−8.06)	−0.060*** (−7.73)
HORIZON	0.005** (1.96)	0.005* (1.80)	0.022** (1.99)	0.022* (1.83)
BROKERSIZE	−0.034*** (−5.12)	−0.034*** (−3.97)	−0.148*** (−5.21)	−0.148*** (−4.01)

续表

VARIABLES	(1) BOLDNESS	(2) BOLDNESS	(3) BOLDNESS	(4) BOLDNESS
OTHERNUMBER	−0.067***	−0.067***	−0.285***	−0.285***
	(−23.26)	(−19.73)	(−22.93)	(−19.36)
EXPERIENCE	−0.102***	−0.102***	−0.429***	−0.429***
	(−18.40)	(−14.78)	(−18.24)	(−14.76)
FIRMSCOVERED	−0.027***	−0.027***	−0.118***	−0.118***
	(−8.59)	(−7.08)	(−8.66)	(−7.08)
NANALYST2	0.015***	0.015**	0.066***	0.066**
	(3.21)	(2.54)	(3.24)	(2.55)
CONSTANT	1.153***	1.153***	3.255***	3.255***
	(19.31)	(25.87)	(8.72)	(9.22)
YEAR	Yes	Yes	Yes	Yes
FIX		Firm		Firm
N	54532	54532	54532	54532
Adj R2	0.042	0.042		
Pseudo R2			0.031	0.031

注：模型（1）、（2）是 OLS 回归，模型（3）、（4）是 Logit 回归；括号中是 t 值或 z 值，*、**、*** 分别表示 10%、5%、1%的显著性水平。

在表 4-11 中，第（1）、（2）列使用的是 OLS 回归模型，（3）、（4）列使用的是双截尾的 Tobit 模型，其中第（2）、（4）列固定了公司效应，被解释变量均为分析师激进预测的年度比例 PBOLD。由表 4-11 的第（1）列可以看到，变量 POST 的系数为 −0.026，t 值为 −5.15，其系数在 1%的水平上显著为负，这意味着分析师评选上明星分析师之后，其预测的激进度下降，为本研究的假设 4.3 提供了证据支持。由表 4-11 的第（2）列可知，在固定了公司效应后，变量 POST 的系数仍然显著为负。由表 4-11 的第（3）、（4）列可知，改用 Tobit 模型后，无论是否固定公司效应，变量 POST 的系数仍然显著为负。

在表 4-12 中，第（1）、（2）列使用的是 OLS 回归模型，（3）、（4）列使用的是 Logit 回归，其中第（2）、（4）列固定了公司效应，被解释变量均为 BOLDNESS。在表 4-12 的第（1）、（3）列可以看到，POST 的系数也是在 1% 的水平上显著为负，意味着分析师评选上明星分析师之后，其激进预测的可能性下降，其结果也支持本研究的假设 4.3。由表 4-12 的第（2）、（4）列可以看到，在固定了公司效应后，变量 POST 的系数仍然显著为负。

在表 4-13 中，第（1）、（2）列是 OLS 回归模型，（3）、（4）列是双截尾的 Tobit 模型，其中第（2）、（4）列固定了公司效应，表中的被解释变量为 PBOLD。由表 4-13 的第（1）、（3）列可以看到，变量 STAR * POST 的系数都在 1% 的水平上显著为负，这意味着以非明星分析师为控制组，分析师评选上明星分析师之后，其预测的激进度下降，为本研究的假设 4.3 提供了证据支持。在表 4-13 的第（2）、（4）列可知，在固定了公司效应后，变量 STAR * POST 的系数仍然显著为负。

表 4-13　　　　　**当选明星分析师后，分析师的激进预测是否下降**

VARIABLES	(1) PBOLD	(2) PBOLD	(3) PBOLD	(4) PBOLD
STAR	-0.017^{***}	-0.017^{***}	-0.054^{***}	-0.054^{***}
	(−5.51)	(−5.09)	(−5.64)	(−5.41)
STAR * POST	**-0.024^{***}**	**-0.024^{***}**	**-0.061^{***}**	**-0.061^{***}**
	(−5.13)	**(−4.89)**	**(−4.27)**	**(−4.44)**
DAYSELAPSED	-0.034^{***}	-0.034^{***}	-0.123^{***}	-0.123^{***}
	(−37.48)	(−33.88)	(−41.13)	(−36.27)
HORIZON	-0.058^{***}	-0.058^{***}	-0.207^{***}	-0.207^{***}
	(−37.68)	(−31.76)	(−38.80)	(−30.52)
BROKERSIZE	-0.056^{***}	-0.056^{***}	-0.195^{***}	-0.195^{***}
	(−31.59)	(−29.58)	(−33.59)	(−30.45)
OTHERNUMBER	-0.020^{***}	-0.020^{***}	-0.080^{***}	-0.080^{***}
	(−12.90)	(−9.97)	(−15.56)	(−12.23)

续表

VARIABLES	（1） PBOLD	（2） PBOLD	（3） PBOLD	（4） PBOLD
EXPERIENCE	−0.124*** （−52.53）	−0.124*** （−41.81）	−0.385*** （−50.89）	−0.385*** （−42.79）
FIRMSCOVERED	−0.006*** （−4.99）	−0.006*** （−4.85）	−0.032*** （−8.02）	−0.032*** （−7.42）
NANALYST	−0.001 （−0.31）	−0.001 （−0.23）	−0.012 （−1.62）	−0.012 （−1.21）
CONSTANT	1.568*** （75.98）	1.568*** （84.56）	4.290*** （52.20）	4.290*** （45.01）
YEAR	Yes	Yes	Yes	Yes
FIX		Firm		Firm
N	121902	121902	121902	121902
Sigma			0.938***	0.938***
Adj R2	0.078	0.078		

注：模型（1）、（2）是 OLS 回归，模型（3）、（4）是 Tobit 回归；括号中是 t 值，$*$、$**$、$***$分别表示10%、5%、1%的显著性水平。

在表4-14中，第（1）、（2）列使用的是 OLS 回归模型，（3）、（4）列使用的是 Logit 回归，其中第（2）、（4）列固定了公司效应，表中的被解释变量为 BOLDNESS。在表4-14 的第（1）、（3）列可知，无论是采用 OLS 模型还是 Logit 模型，变量 STAR * POST 的系数都在 1% 的水平上显著为负，这表示，即使以非明星分析师为控制组，分析师评选上明星分析师之后，其预测的激进度也有所下降，这一结果意味着，当选明星分析师的确会影响分析师的盈余预测行为，从而本研究的假设 4.3 提供了证据支持。在表4-14 的第（2）、（4）列可以知道，在固定了公司效应后，变量 STAR * POST 的系数仍然显著为负。

表 4-14 当选明星分析师后，分析师的激进预测是否下降

VARIABLES	(1) BOLDNESS	(2) BOLDNESS	(3) BOLDNESS	(4) BOLDNESS
STAR	−0.027*** (−9.20)	−0.027*** (−6.98)	−0.118*** (−9.26)	−0.118*** (−7.12)
STAR * POST	**−0.012*** (−2.69)**	**−0.012** (−2.19)**	**−0.040** (−2.15)**	**−0.040* (−1.79)**
DAYSELAPSED	−0.012*** (−14.03)	−0.012*** (−12.66)	−0.054*** (−14.11)	−0.054*** (−12.72)
HORIZON	0.014*** (10.87)	0.014*** (8.65)	0.064*** (10.92)	0.064*** (8.79)
BROKERSIZE	−0.063*** (−33.38)	−0.063*** (−25.48)	−0.290*** (−33.62)	−0.290*** (−25.24)
OTHERNUMBER	−0.043*** (−31.58)	−0.043*** (−19.68)	−0.193*** (−31.20)	−0.193*** (−19.75)
EXPERIENCE	−0.098*** (−41.71)	−0.098*** (−30.10)	−0.431*** (−41.36)	−0.431*** (−30.39)
FIRMSCOVERED	−0.014*** (−10.52)	−0.014*** (−8.53)	−0.063*** (−10.83)	−0.063*** (−8.61)
NANALYST	−0.005** (−2.07)	−0.005 (−1.31)	−0.021** (−2.10)	−0.021 (−1.31)
CONSTANT	1.166*** (45.64)	1.166*** (61.25)	3.513*** (19.45)	3.513*** (19.30)
YEAR	Yes	Yes	Yes	Yes
FIX		Firm		Firm
N	228685	228685	228685	228685
Adj R−squared	0.048	0.048		
Pseudo R2			0.037	0.037

注：模型（1）、（2）是 OLS 回归，模型（3）、（4）是 Logit 回归；括号中是 t 值或 z 值，*、**、***分别表示 10%、5%、1%的显著性水平。

4. 假设 4.4 的实证分析

(1) 假设 4.4 的单变量检验

表 4-15 是假设 4.4 的单变量检验结果。为了验证非明星分析师是否把激进预测作为竞争策略，我们在两个维度上比较激进预测的信息含量：在非明星分析师的样本中，比较激进预测和非激进预测的信息含量差异，其检验结果见 Panel A；在激进预测的样本中，比较非明星分析师和明星分析师激进预测的信息含量差异，其检验结果见 Panel B。

在表 4-15 的 Panel A 中可以看到，在非明星分析师发布的 231846 个盈余预测中，有 141829 个激进预测，其预测准确度均值为 −0.0638，90017 个非激进预测，其准确度均值为 0.6970，两者之间的差值为 0.0031，在 1% 的水平上显著。由表 4-15 的 Panel B 可知，在分析师发布的 170780 个激进预测的样本中，非明星分析师发布了 28951 个激进预测，明星分析师则发布了 141829 个非激进预测，非明星分析师的预测准确度均值为 −0.0638，明星分析师的盈余预测准确度均值为 −0.0447，二者之间的差异为 −0.0191，在 1% 的水平上显著。由表 4-15 可知，在整体上，非明星分析师发布的激进预测准确度更低，信息含量更少。

表 4-15　　　　　　　　　　　　　**假设 4.4 单变量检验**

	PMAFE	
	样本量	均值
Panel A：非明星分析师的激进预测与非激进预测信息含量比较		
非明星分析师激进预测（1）	141829	−0.0638
非明星分析师非激进预测（0）	90017	−0.0669
差异（1−0）		0.0031
样本均值 t 检验		0.9603
Panel B：非明星分析师与明星分析师的激进预测信息含量比较		
非明星分析师激进预测（1）	141829	−0.0638
明星分析师激进预测（0）	28951	−0.0447

续表

	PMAFE	
	样本量	均值
差异（1-0）		-0.0191
样本均值 t 检验		-3.6919

（1）假设 4.4 的多元回归检验

表 4-16 对假设 4.4 进行多元回归的检验结果，被解释变量为分析师盈余预测准确度 PMAFE，第（1）、（2）列的解释变量为 BOLDNESS，（3）、（4）列的解释变量为 NONSTAR，其中第（2）、（4）列固定了公司效应。由表 4-16 的第（1）列可以看到，BOLDNESS 的系数在 1% 的水平上显著为负，这表示，与非明星分析师发布的羊群盈利预测相比，非明星分析师发布的激进盈利预测，其准确度更低，所含的信息量也更少。在表 4-16 的第（3）列中可以看到，NONSTAR 的系数为-0.031，t 值为-2.59，显著水平为 1%，这意味着，与明星分析师发布的激进预测相比，非明星分析师发布的激进预测的准确度更低，信息含量更少。由表 4-16 的第（2）、（4）列可知，在固定了公司效应之后，BOLDNESS 的系数以及 NONSTAR 的系数都仍然在 1% 的水平上显著为负。这些结果意味着，非明星分析师发布激进预测更多的是基于竞争策略的选择，而不是基于更准确的信息，从而为本研究的假设 4.4 提供了证据支持。

表 4-16　　相较于明星分析师，非明星分析师激进预测的信息含量更低

VARIABLES	（1） PMAFE	（2） PMAFE	（3） PMAFE	（4） PMAFE
BOLDNESS	-0.030*** （-9.75）	-0.030*** （-7.85）		
NONSTAR			-0.013*** （-2.59）	-0.013*** （-2.63）

续表

VARIABLES	(1) PMAFE	(2) PMAFE	(3) PMAFE	(4) PMAFE
DAYSELAPSED	-0.017*** (-13.47)	-0.017*** (-11.72)	-0.023*** (-14.89)	-0.023*** (-13.27)
HORIZON	0.320*** (158.65)	0.320*** (71.75)	0.317*** (126.29)	0.317*** (68.75)
BROKERSIZE	-0.022*** (-8.26)	-0.022*** (-6.55)	-0.031*** (-9.00)	-0.031*** (-8.70)
OTHERNUMBER	-0.142*** (-69.36)	-0.142*** (-33.15)	-0.165*** (-66.09)	-0.165*** (-35.65)
EXPERIENCE	0.032*** (9.42)	0.032*** (7.42)	0.032*** (7.64)	0.032*** (7.26)
FIRMSCOVERED	-0.019*** (-9.50)	-0.019*** (-7.54)	-0.024*** (-9.69)	-0.024*** (-8.91)
NANALYST	0.132*** (39.26)	0.132*** (24.63)	0.145*** (35.83)	0.145*** (24.97)
CONSTANT	-1.677*** (-43.57)	-1.677*** (-46.13)	-1.634*** (-37.26)	-1.634*** (-41.96)
YEAR	Yes	Yes	Yes	Yes
FIX		Firm		Firm
N	231846	231846	170780	170780
Adj R2	0.130	0.130	0.125	0.125

注：括号中是 t 值，*、**、***分别表示10%、5%、1%的显著性水平。

第四节　进一步的分析

一、评选年份的影响

作为最富影响力的分析师外部评选机制，新财富最佳分析师的评选活动在分析师行业中的影响力是逐步建立起来的，由前面的表 2-1 可知，在 2010 年左右，该评选活动的参评分析师规模以及参与投票的买方（机构投资者）达到了新高度，其影响力基本扩大到整个分析师市场。

按照本研究的逻辑，为了增加上榜明星分析师概率，分析师倾向于发布激进预测，那么在明星分析师影响力更大的时候，这一现象会表现得更加明显。本研究以 2010 年作为分界点，将 2010 年以前的时间作为影响较小的时期，把 2010 年以后（包括 2010 年）的时间段作为新财富最佳分析师影响力最大的时期，研究分析师在不同时间段激进预测行为的变化，并使用模型（4.7）来验证这一推论。

$$PBOLD_{ijt}(\text{or } BOLDNESS_{ijt}) = \beta_0 + \beta_1 NONSTAR_{ijt} + \beta_2 YEAR\_D_{ijt}$$
$$+ \beta_3 NONSTAR_{ijt} * YEAR\_D_{ijt} + \beta_4 HORIZON_{ijt}$$
$$+ \beta_5 BROKERSIZE_{ijt} + \beta_6 OTHERNUMBER_{ijt}$$
$$+ \beta_7 EXPERIENCE_{ijt} + \beta_8 FIRMSCOVERED_{ijt}$$
$$+ \beta_9 NANALYST_{ijt} + \delta_m \sum YEAR_m + \varepsilon_{ijt}$$

模型（4.7）

随着分析师外部评选对分析师职业发展影响力的扩大，分析师有更强的动机去上榜"明星分析师"，因而，明星分析师影响力越大，分析师越可能发布激进预测来增加上榜概率，因此，本研究预测变量 NONSTAR * YEAR_D 的系数 β_3 显著为正。

具体的实证检验结果见表 4-17，从表 4-17 中可以看到，无论是用 PBOLD 还是用 BOLDDNESS 来度量分析激进预测，NONSTAR * YEAR_D 系数都在 5% 的水平上显著为正，这表示，分析师外部评选机制对分析师职业发展影响力越大，分析师发布的盈余预测越激进。该结果进一步验证了本研究的假设，即分析师外部评选机制会诱使分析师发布激进预测来增加上榜明星分析师的概率。

表 4-17　　明星分析师的行业影响力是否影响分析师激进预测

VARIABLES	(1) PBOLD	(2) PBOLD	(3) BOLDNESS	(4) BOLDNESS
NONSTAR	0.017** (2.33)	0.017** (2.23)	0.009 (1.32)	0.009 (1.22)

续表

VARIABLES	(1) PBOLD	(2) PBOLD	(3) BOLDNESS	(4) BOLDNESS
YEAR_D	−0.050*** (−6.98)	−0.050*** (−6.30)	−0.097*** (−13.71)	−0.097*** (−11.53)
NONSTAR ∗ **YEAR_D**	**0.019** **(2.55)**	**0.019** **(2.43)**	**0.021*** **(2.80)**	**0.021** **(2.55)**
DAYSELAPSED2	−0.035*** (−41.71)	−0.035*** (−35.76)	−0.012*** (−15.49)	−0.012*** (−13.64)
HORIZON2	−0.061*** (−42.67)	−0.061*** (−34.67)	0.012*** (10.35)	0.012*** (8.00)
BROKERSIZE2	−0.062*** (−38.03)	−0.062*** (−36.67)	−0.072*** (−41.90)	−0.072*** (−30.93)
OTHERNUMBER2	−0.030*** (−21.43)	−0.030*** (−15.14)	−0.054*** (−44.18)	−0.054*** (−23.62)
GENEXPERIENCE2	−0.118*** (−56.23)	−0.118*** (−46.55)	−0.093*** (−45.41)	−0.093*** (−33.29)
FIRMSCOVERED2	−0.002 (−1.48)	−0.002 (−1.35)	−0.008*** (−6.96)	−0.008*** (−5.41)
NANALYST2	0.017*** (8.58)	0.017*** (6.14)	0.018*** (9.56)	0.018*** (5.78)
CONSTANT	1.498*** (116.19)	1.498*** (95.90)	1.071*** (84.64)	1.071*** (64.63)
YEAR	Yes	Yes	Yes	Yes
FIX		Firm		Firm
N	148021	148021	290120	290120
Adj R²	0.073	0.073	0.038	0.038

注：括号中是 t 值或 z 值，∗、∗∗、∗∗∗分别表示10%、5%、1%的显著性水平。

其他的变量结果见表4-17，此处不再做具体解释。此外，在表4-17的模型

（2）、（4）中，我们固定了公司效应来控制公司层面不同因素的影响，可以看到，其结果仍然是稳定的。

二、明星分析师组内排名的影响

《新财富》评选出来的最佳分析师往往是以研究小组的形式出现，组内排名的顺序也分先后，一般认为排在前面的分析师，其能力更为突出。

由于分析师把激进预测作为一种竞争策略来增加自己评选上明星分析师的概率，那么同样的，在评选上的最佳明星分析师队伍中，这一现象也应该普遍存在，在组内排名靠后的分析师有更强的动机通过发布激进预测来提高自己的排名，例如 Yin 和 Zhang（2014）发现分析师在券商内部排名暂时落后时，更可能发布激进预测。因此，按照我们的逻辑，本研究预测在明星分析师小组中，排名靠后的分析师更可能发布激进预测。

本研究使用模型（4.8）来验证组内排名对分析师激进预测的可能影响。

$$\text{PBOLD}_{ijt} = \beta_0 + \beta_1 \text{RANK}_{ijt} + \beta_2 \text{DAYSELAPSED}_{ijt} + \beta_3 \text{HORIZON}_{ijt} + \beta_4 \text{BROKERSIZE}_{ijt}$$
$$+ \beta_5 \text{OTHERNUMBER}_{ijt} + \beta_6 \text{EXPERIENCE}_{ijt} + \beta_7 \text{FIRMSCOVERED}_{ijt}$$
$$+ \beta_8 \text{NANALYST}_{ijt} + \delta_m \sum \text{YEAR}_m + \varepsilon_{ijt} \qquad \text{模型（4.8）}$$

分析师在组内的排名越靠后，分析师更可能发布激进预测提高自己的排名，因此，本研究预测变量 RANK 的系数 β_1 显著为正。

具体的实证检验结果见表 4-17，其中第（1）、（2）列为 OLS 模型，第（3）、（4）列采用的是双截尾的 Tobit 模型。从表 4-17 的第（1）列可以看到，变量 RANK 的系数为 0.014，t 值为 2.98，显著水平为 1%，这意味着，分析师在明星分析师小组的组内排名越靠后，分析师发布的盈余预测越激进。由表 4-17 的第（3）列可知，即便采用 Tobit 模型进行回归，变量 RANK 的系数也仍然在 1%的水平上显著为正。这些实证结果为分析师外部评选机制会诱使分析师发布激进预测来提高外部对自己的评价提供了进一步的证据支持。

其他的变量结果见表 4-17，此处不再做具体解释。此外，在表 4-17 的第（2）、（4）列中，我们固定了公司效应，以控制公司层面不同因素的影响，可以看到，其结果仍然是稳定的。

表4-18　　　　　　　明星分析师组内排名对分析师激进预测的影响

VARIABLES	(1) PBOLD	(2) PBOLD	(3) PBOLD	(4) PBOLD
RANK	**0.014*** (2.98)	**0.014*** (2.92)	**0.035*** (3.22)	**0.035*** (3.10)
DAYSELAPSED	−0.038*** (−16.74)	−0.038*** (−15.90)	−0.095*** (−17.51)	−0.095*** (−16.17)
HORIZON	−0.067*** (−17.50)	−0.067*** (−16.74)	−0.175*** (−18.25)	−0.175*** (−15.82)
BROKERSIZE	−0.048*** (−6.50)	−0.048*** (−6.16)	−0.116*** (−6.64)	−0.116*** (−6.10)
OTHERNUMBER	−0.040*** (−10.15)	−0.040*** (−8.81)	−0.098*** (−10.27)	−0.098*** (−8.63)
EXPERIENCE	−0.067*** (−10.17)	−0.067*** (−10.13)	−0.155*** (−9.99)	−0.155*** (−9.95)
FIRMSCOVERED	−0.003 (−0.70)	−0.003 (−0.67)	−0.010 (−1.10)	−0.010 (−1.04)
NANALYST	0.023*** (3.95)	0.023*** (3.44)	0.045*** (3.31)	0.045*** (2.81)
CONSTANT	1.288*** (23.31)	1.288*** (20.28)	2.594*** (24.55)	2.594*** (22.54)
YEAR	Yes	Yes	Yes	Yes
FIX		Firm		Firm
N	23485	23485	23485	23485
Sigma			0.783***	0.783***
Adj R2	0.044	0.044		

注：模型（1）、（2）是 OLS 回归，模型（3）、（4）是 Tobit 回归；括号中是 t 值，＊、＊＊、＊＊＊分别表示10%、5%、1%的显著性水平。

第五节　本　章　小　结

分析师外部评选机制是对分析师相对业绩表现进行排序，类似于分析师行业的锦标赛；由于上榜明星分析师，能够为分析师的薪酬以及职业发展前景带来巨大的正面影响（Groysberg 等，2011；李丽青，2012），因而分析师有强烈的动机来赢取比赛。结合锦标赛薪酬激励对参赛者风险行为的影响（Chevalier 和 Ellison，1997；Koski 和 Pontiff，1999；Yin 和 Zhang，2014），我们认为分析师为了获取分析师锦标赛竞争的胜利，很可能会改变其预测行为，采用更为冒险的竞争策略。激进预测作为一种风险更大的预测行为，不但能够增加分析师的个人辨识度，而且，如果一旦该激进预测被证实是准确的，则可以增大分析师转败为胜的概率。因此，分析师外部评选机制的存在很可能会诱使暂时落后的分析师——非明星分析师采取激进预测这一风险行为。

本研究以 2003 年至 2017 年新财富最佳分析师的评选为背景，把分析师分为明星分析师和非明星分析师，利用分析师发布的盈余预测样本，来研究分析师外部评选机制对其激进预测行为的可能影响。

本研究的实证证据表明：与明星分析师相比，非明星分析师更可能发布激进预测；在明星分析师的评选期间，非明星分析师的激进预测行为会得到进一步的加强；非明星分析师在评选为明星分析师后，其盈余预测的激进程度有所下降；在同等情况下，无论是与非明星分析师发布的非激进预测相比，还是与明星分析师发布的激进预测相比，非明星分析师所发布的激进预测所含的信息量都更低。我们在进一步的研究中发现，随着明星分析师称号对分析师职业发展前景影响力的扩大，分析师越可能发布激进的盈余预测；而即便在明星分析师中，其所在小组的组内排名也会影响分析师的激进预测行为，在明星分析师研究小组中排名越靠后的分析师，也越可能发布激进预测。这些证据表明，分析师外部评选的确会诱使分析师的激进预测行为。

本研究的研究发现不仅丰富了锦标赛理论对参赛者风险行为诱导作用的研究，有助于全面了解锦标赛薪酬激励的作用，还从多人博弈的角度拓展了分析师风险行为的研究，有助于了解分析师外部评选机制对分析师行为的影响，为理解分析师行为动机提供了一个有用的框架。本研究有助于全面评估分析师外部评选机制的可能影响，并为进一步改善分析师外部评选机制的设计提供了方向。

第五章　分析师外部评选机制对其
首次跟踪行为的影响

第一节　理论推导和假设提出

一、分析师首次跟踪

分析师首次跟踪，是指卖方分析师第一次发布关于某上市公司股票的研究报告（Irvine，2003；Crawford 等，2012）。分析师对公司的首次跟踪能够带来强烈的市场反应（Kim 等，1997；Branson 等，1998；Irvine，2003；Demiroglu 和 Ryngaert，2010）。目前，有三种理论来解释分析师首次跟踪和连续跟踪对公司股价影响的差异：流动性假说（Brennan 和 Subrahmanyan，1995；Brennan 和 Tamarowski，2000；Irvine，2003）认为，增加的分析师跟踪会为投资者提供更多的信息，提高股价中的信息含量，降低不知情交易者的预期损失，进而改善股票的流动性，因而，分析师首次跟踪引起的市场反应要大于连续跟踪；更高信息含量假说（Peterson，1987；McNichols 和 O'Brien，1997）认为，分析师首次跟踪比持续追踪分析师的研究报告能提供更多的信息含量；外部监督假说（Moyer 等，1989）认为，分析师追踪是一种有效的外部监督，分析师首次追踪带来的额外监督活动可以降低公司的代理成本并提高公司的价值。

而关于分析师首次跟踪的动机研究，Irvine（2003）认为，卖方分析师对上市公司的首次跟踪代表了券商对资源的配置。在决定如何分配分析师服务时，券商需要权衡追踪特定股票的收益与追踪其他同股票的机会成本，其收益包括交易的预期佣金收入以及潜在的融资和咨询收入。而对卖方分析师而言，增加交易量从而获取更多交易佣金，为金融部门带来投行业务，以及为重要客户提供其重仓持股的公司信息是其首次跟踪公司的三个重要原因（Hayes，1998；Irvine，2003；Kirk，2011）。而 McNichols 和 O'Brien（1997）、Das 等（2006）提出并发现，分析师是否跟踪某个公司取决于其对公司未来收益的预期。

二、分析师外部评选的影响

那么，分析师外部评选机制的出现，是否影响分析师的首次跟踪行为呢？分析师外部评选是对分析师相对业绩表现进行排序，类似于分析师行业的锦标赛；由于上榜明星分析师，能够为分析师的薪酬以及职业发展前景带来巨大的正面影响（Groysberg 等，2011；李丽青，2012）。因此，分析师外部评选机制相当于改变了分析师的预期收益函数，增大了对分析师高质量研究报告的奖励力度。这意味着，分析师的外部评选机制为所有的分析师都提供了强烈的激励去竞争成为明星分析师。

然而，分析师是否能够被评选为明星分析师，最终取决于机构投资者观测到的分析师业绩排名。所谓观测到的业绩排名，有两层递进的含义。首先，机构投资者需要"看见"分析师的行为，换而言之，分析师需要提高自己在机构投资者之间的知名度。新财富"最佳分析师"的评选，需要机构投资者（买方）在选票上直接填写分析师的名称，这相当于是对分析师设置一道比较高的门槛，意味着分析师需要提高其在机构投资者中间的知名度。而每届"最佳分析师"的参评人数成百上千，如何增加自己在评选人中的辨识度，是分析师的一个重要竞争策略（Emery 和 Li，2009）。其次，机构投资者在观察到分析师行为的前提下，再对其表现出来的专业能力进行排序。因此，分析师在有知名度的前提下，还要表现出专业性。由于分析师的本质是资本市场的信息中介，其作用就是为投资者提供有用的信息帮助其作出正确的投资决策，因而，对分析师来说，其专业性就体现在对公司信息的挖掘上，具体表现为高质量的研究报告，如预测的准确度、对股价走势的正确判断等。

预期收益的增加，会导致分析师投入更多的时间和精力去收集和处理信息，以提供更高质量的研究报告。分析师在分配自己的资源时，有两种选择：可以选择投入更多的时间和精力去挖掘正在追踪的公司信息；也可以选择投入一部分时间和精力去追踪新的公司。

三、分析师对公司追踪的策略选择

对于明星分析师和非明星分析师，在追踪公司的选择策略上，可能会存在差异。以前的上榜经历提高了明星分析师在机构投资者之间的认知度，因此，曾获过奖的分析师最重要的不是让投资者认识自己，而是需要通过提供高质量的研究报告，让机构投资者认可自己的专业能力。Emery 和 Li（2008）发现，已经被评选为"明星"的分析师如果要再次评选上，其业绩表现更为重要。因此，明星分析师可能会投入更多的时间和精力来挖掘已追踪公司的信息，以提高其研究报告的信息量。

对非明星分析师而言，则需要在提高认知度与表现出专业性进行权衡，如Emery 和 Li（2008）发现认知度对非明星分析师的影响要大于其表现出的绩效。由于参与明星分析师投票的机构投资者不仅包括分析师所在券商的机构投资者客户，还包括大多数非所在券商客户的机构投资者。为了获得非客户券商的关注，分析师很可能会为这些非客户机构投资者持股的股票发布预测报告，从而提高其首次跟踪股票的概率。

在决定追踪新的公司时，非明星分析师同样面临两种选择，他们可以选择追踪那些已有分析师追踪的公司，也可以选择没有分析师追踪的公司。分析师提供的关于股票的信息内容也取决于两个重要因素：一个是信息收集、信息处理的成本，另一个是与其他分析师的竞争（Crawford 等，2012）。

对于新的分析师首次追踪（该分析师跟踪前，没有其他分析师在跟踪），分析师只需要考虑信息的收集、处理成本，而不需要考虑与其他分析师之间的竞争。这意味着，分析师可以选择收集和处理一些成本较低的信息，从而不需要额外占用分析师太多的精力和时间。市场以及行业信息的收集、处理不需要分析师去接近管理层或者对以往的财务报告进行详细的分析。尽管相对于公司特质信息，市场以及行业信息对投资者资本配置决策的帮助更小，但是，它们仍然为投资者提供了关于基本面会如何随市场或行业变化的重要信息，这在没有其他分析师提供信息的时候显得尤其重要。因而，新的首次跟踪会有助于提高分析师与其他分析师的区分度（Crawford 等，2012），并增加分析师研究报告的被重视程度

（Demiroglu 和 Ryngaert，2010）。

　　对于追随的分析师首次跟踪（该分析师跟踪前，已有其他分析师在跟踪），由于需要和其他分析师一起竞争，首次跟踪分析师需要提供公司特质信息才能使自己与其他分析师区别开来，这需要分析师花费更多的时间和精力去接近管理层以获取私有信息或者更深入细致地挖掘公司公开信息。这意味着，追随的分析师首次跟踪需要占用更大的资源且并不能迅速地提升该分析师的辨识度。

　　此外，没有分析师跟踪的公司，公司环境的不确定往往比较大，信息不对称程度也更高（Lang，1991；Botosan，1997；Kirk，2011），这意味着，分析师对此类公司进行首次跟踪的信息风险也更大，从而可能加大分析师预测错误的风险。从统计的角度来看，采用更具风险的行为会促使结果的随机分布从均值集中转移到尾部，从而增加极端结果出现的可能性。分析师新的首次跟踪一旦被证实为方向正确，则不仅大大增加分析师的知名度，还会增加投资者对其专业能力的认同，进而对其排名带来极大的正面影响。

　　由以上的分析可知，非明星分析师进行新的首次跟踪带来的回报更大，而所需成本相对更少。非明星分析师更可能进行新的首次追踪，即追踪那些暂时没有分析师追踪的公司。推出本章的第一个假设：

　　假设 5.1：与明星分析师相比，非明星分析师更可能首次发布暂时没有分析师跟踪的上市公司的预测报告。

　　心理学中的近因效应（Recency Effect）认为，人们对最近发生的事件印象最深刻，事件发生的时间越远，越可能被人们所淡忘。Hogarth 和 Einhorn（1992）的模型预测，在一系列的混合证据中，人们往往会给距离时间最近的证据更大的权重。王雪丽等（2018）利用 571 位高管进行模拟试验，其结果发现，高管团队最近的绩效表现越好，被评价者所获得的同级绩效的评价也就越高。根据近因效应，对于非明星分析师而言，在评选期间进行新的首次跟踪显然比非评选期间更能提高其在参与投票的机构投资者中的知名度。

　　此外，无论是理论还是实证都表明，在离竞赛结束的时间越短，暂时落后的一方越倾向于采取更为冒险的行动（Bronars，1987；Grund 等，2010；Yin 和 Zhang，2014）。因而，越临近评选结束，非明星分析师也越可能通过新的首次跟踪这一冒险行为来增加自己获胜的概率，因为只要相对的排名没有变化，无论与其他分析师的差距有多大，在本质上并不影响分析师的薪酬。首次跟踪的分析师对新公司的预测虽然面临着更大的信息不对称，但是，一旦预测对了方向，就能对其排名带来极大的正面影响。

综上所述，本研究认为，在评选期间，分析师更加可能首次发布暂时没有分析师跟踪的上市公司的预测报告，由此，推出本章的第二个假设：

假设 5.2：明星分析师的评选期会加强非明星分析师首次发布暂时没有分析师跟踪的上市公司的预测报告的行为。

第二节　样本选择和研究设计

一、样本选择和数据来源

我国新财富最佳分析师的评选从 2003 年开始，直至 2017 年才由于方正"饭局门"事件的爆出而中断，因此，本研究选取的样本区间为 2003 年至 2017 年，以分析师对上市公司发布的盈余预测报告为研究对象。

本研究使用的分析师盈余预测数据来自国泰安数据库（CSMAR）。

二、研究设计

为了验证本章的第一个假设，即与明星分析师相比，非明星分析师更可能首次发布预测报告，具体的模型设定如下：

$$
\begin{aligned}
\text{PFIR\_COV}_{ijt}(\text{or FIR\_COV}_{ijt}) = {} & \beta_0 + \beta_1 \text{NONSTAR}_{ijt} + \beta_2 \text{DAYSELAPSED}_{ijt} \\
& + \beta_3 \text{HORIZON}_{ijt} + \beta_4 \text{BROKERSIZE}_{ijt} \\
& + \beta_5 \text{EXPERIENCE}_{ijt} + \beta_6 \text{FIRMSCOVERED}_{ijt} \\
& + \beta_7 \text{NANALYST}_{ijt} + \delta_m \sum \text{YEAR}_m + \varepsilon_{ijt}
\end{aligned}
$$

模型（5.1）

在模型（5.1）中，我们并没有加入公司层面的控制变量，这是因为，对跟踪同一家上市公司的所有分析师而言，公司层面的所有因素都是相同的。

根据假设 5.1，与明星分析师相比，非明星分析师更可能首次发布上市公司的激进预测以增加其上榜"最佳分析师"的概率。因此，本研究预测 NONSTAR 的系数 β_1 显著为正。

为了验证本章的第二个假设，我们在模型（5.1）的基础上加入了交叉变量来检验非明星分析师是否更可能在投票期首次发布预测。

$$
\begin{aligned}
\text{PFIR\_COV}_{ijt}(\,or\,\text{FIR\_COVV}_{ijt}) = &\ \beta_0 + \beta_1 \text{NONSTAR}_{ijt} + \beta_2 \text{VOT\_PERIOD}_{ijt} \\
& + \beta_3 \text{NONSTAR}_{ijt} * \text{VOT\_PERIOD}_{ijt} \\
& + \beta_4 \text{DAYSELAPSED}_{ijt} + \beta_5 \text{HORIZON}_{ijt} \\
& + \beta_6 \text{BROKERSIZE}_{ijt} + \beta_7 \text{EXPERIENCE}_{ijt} \\
& + \beta_8 \text{FIRMSCOVERED}_{ijt} + \beta_9 \text{NANALYST}_{ijt} \\
& + \delta_m \sum \text{YEAR}_m + \varepsilon_{ijt} \qquad\qquad \text{模型（5.2）}
\end{aligned}
$$

根据假设 5.2，越是邻近评选期间，非明星分析师越可能首次发布预测来增加其上榜"明星分析师"的概率，由此，本研究预测变量 NONSTAR * VOT_PERIOD 的系数 β_3 显著为正。

三、变量定义

在本章中，所用到的被解释变量为分析师新的首次跟踪，我们分别使用了两种不同的方法来度量分析师新的首次跟踪，具体的定义如下：

FIR_COV_{ijt}：度量分析师是否首次发布上市公司的盈余预测，在分析师 i 首次发布上市公司 j 关于 t 年度的预测报告前 180 天，没有任何一个分析师发布该公司的盈余预测报告，FIR_COV 则取值为 1，否则为 0。

FIR_COV1_{ijt}：度量分析师是否首次发布上市公司的盈余预测，在分析师 i 首次发布上市公司 j 关于 t 年度的预测报告前 90 天，没有任何一个分析师发布该公司的盈余预测报告，FIR_COV1 则取值为 1，否则为 0。

PFIR_COV_{ijt}：度量分析师当年首次跟踪上市公司占其当年所追踪的公司比例，首次追踪指的是分析师首次发布某上市公司预测报告的前 180 天，没有任何一个分析师发布该公司的预测报告，其计算的公式如下所示：

$$
\text{PFIR\_COV}_{ijt} = \frac{\text{number of analyst}_i's \text{ first coverage}}{\text{number of analyst}_i's \text{ coverage}}
$$

PFIR_COV1_{ijt}：度量分析师当年首次跟踪上市公司占其当年所追踪的公司比

例，首次追踪指的是分析师首次发布某上市公司预测报告的前 90 天，没有任何一个分析师发布该公司的预测报告，其计算的公式如下所示：

$$PFIR\_COV1_{ijt} = \frac{\text{number of analyst}_i\text{'sfirst coverage}}{\text{number of analyst}_i\text{'scoverage}}$$

本章采用的解释变量为 $NONSTAR_{ijt}$、VOT_PERIOD_{ijt} 以及二者的交乘项 $NONSTAR_{ijt} * VOT\_PERIOD_{ijt}$，具体的定义如下：

$NONSTAR_{ijt}$：是分析师是否为明星分析师的哑变量，如果分析师当年不是新财富最佳分析师，则取值为 1，否则为 0。

VOT_PERIOD_{ijt}：为投票期间的虚拟变量，本研究以投票截止日为时间点，往前推算 180 天作为投票期间，取值为 1，否则为 0。由于分析师在正式投票前就已经开始为此做准备，因而，取 180 天是比较合适的。

我们还在模型中加入了分析师从业经验等控制变量，本章检验模型中所用的所有变量定义详见表 5-1。

表 5-1　　　　　　　　　　　　　　　变量定义表

变量名	变量定义
FIR_COV_{ijt}	度量分析师是否首次发布上市公司的盈余预测，在分析师 i 首次发布上市公司 j 关于 t 年度的预测报告前 180 天，没有任何一个分析师发布该公司的盈余预测报告，则取 FIR_COV 值为 1，否则为 0。
$PFIR\_COV_{ijt}$	度量分析师当年首次跟踪上市公司占其当年所追踪的公司比例，首次追踪的定义同 FIR_COV_{ijt}。
FIR_COV1_{ijt}	度量分析师是否首次发布上市公司的盈余预测，在分析师 i 首次发布上市公司 j 关于 t 年度的预测报告 90 天，没有任何一个分析师发布该公司的盈余预测报告，FIR_COV1 则取值为 1，否则为 0。
$PFIR\_COV1_{ijt}$	度量分析师当年首次跟踪上市公司占其当年所追踪的公司比例，首次追踪的定义同 FIR_COV1_{ijt}。
$NONSTAR_{ijt}$	是指分析师是否为明星分析师的虚拟变量，如果分析师当年不是新财富最佳分析师，则取值为 1，否则为 0。

变量名	变量定义
VOT_PERIOD$_{ijt}$	投票期间的虚拟变量，本研究以投票截止日为时间点，往前推算 180 天作为投票期间，取值为 1，否则为 0。由于分析师在正式投票开始前就已经为此做准备，因而，取 180 天作为投票期是比较合适的。
DAYSELAPSED$_{ijt}$	分析师 i 发布预测之前离该预测公告时间最近的一次任意一个分析师发布的预测过去的天数再取对数，如某分析师 i 在 1 月 29 日发布盈余预测，而在他之前，任意的一个分析师最近发布的预测为 1 月 9 日，DAYSELAPSED$_{ijt}$ 则取值为 20 的对数。由于分析师在发布预测时会参考发布之前其他分析师已经发布的盈利预测，该值越小，分析师越可能受到最近一次预测的影响，在模型中加入该变量来控制其他分析师盈余预测的影响。
HORIZON$_{ijt}$	指分析师盈余预测报告发布日距离盈余公告日的天数。
BROKERSIZE$_{ijt}$	指分析师所在证券公司的规模，其值的计算方法是每年对每家证券公司对外发布预测报告的分析师人数加 1 之后取对数。
EXPERIENCE$_{ijt}$	是指分析师的从业经验，为分析师在该行业的从业年数。
FIRMSCOVERED$_{ijt}$	表示分析师在一年度内跟踪的公司数量，其计算方法是对每个分析师每年所追踪的公司数量加上 1 之后再取对数，可以用来控制分析师挖掘公司信息的专注度，分析师追踪的公司数量越多，对特定公司的信息挖掘所投入的时间和精力越少，对公司特质信息的供给可能也越少，从而减少其预测报告中所含的信息量。
NANALYST$_{ijt}$	表示跟踪同一家公司的分析师人数，对每年追踪某一上市公司的分析师数量取对数，可用来控制追踪同一上市公司分析师之间的竞争程度。
YEAR$_{ijt}$	年度虚拟变量。

第三节　实证检验

一、描述性统计和相关系数分析

表 5-2 为本章进行实证检验所用样本中所有主要变量的描述性统计，由于

PFIR_COV 为分析师在一年内发布首次追踪占其跟踪公司总数的比例，取的是年度值，因此，相应的其他变量取的也是年度的平均值，变量的描述性统计见 Panel A。

表 5-2 主要变量的描述性统计

Variable	N	Mean	Sd	Min	Q1	Q	Q3	Max
Panel A：PFIR_COV 模型所用样本中主要变量的描述性统计								
PFIR_COV	168725	0.03605	0.1759	0	0	0	0	1
NONSTAR	168725	0.8411	0.3656	0	1	1	1	1
DAYSELAPSED	168725	34.39	130.1	0	0.75	6	25	5689
HORIZON	168725	209.6	94.46	0	147.5	213	272	502
BROKERSIZE	168725	31.45	15.05	1	20	31	41	79
EXPERIENCE	168725	4.091	2.588	1	2	3	6	17
FIRMSCOVERED	168725	25.59	28.85	1	9	17	30	292
NANALYST	168725	15.14	9.405	1	8	14	21	53
Panel B：FIR_COV 模型所用样本中主要变量的描述性统计								
FIR_COV	330807	0.02215	0.1472	0	0	0	0	1
NONSTAR	330807	0.8064	0.3951	0	1	1	1	1
DAYSELAPSED	330807	26.1	108.1	0	0	2	20	5689
HORIZON	330807	207.7	101.6	0	140	212	284	502
BROKERSIZE	330807	33.17	14.77	1	23	32	44	79
EXPERIENCE	330807	4.23	2.604	1	2	4	6	17
FIRMSCOVERED	330807	26.68	27.87	1	11	19	32	292
NANALYST	330807	16.3	9.628	1	9	15	22	53

从表 5-2 的 Panel A 中可以看到：进行检验的总样本量为 168725 个，比激进

预测比例的样本量要多 2 万多，原因是激进预测需要跟当次预测的前 90 天内预测平均值以及该分析师上次发布的预测比，对于分析师首次追踪的上市公司，根据本研究的定义，该分析首次发布预测前 180 天内并无该公司的盈余预测，因此，激进预测样本剔除分析师首次发布预测的样本点。变量 PFIR_COV 的最小值为 0，最大值为 1，均值为 0.036，表示平均每个分析师每年度新追踪的公司比例为 0.036。变量 DAYSELAPSED 为距离分析师发布预测之前最近的一次预测与当次预测相差的天数，在分析师首次追踪比例的样本中取的是当年的所有预测相差天数的平均值，样本的均值为 34.39，表示平均而言，分析师每年每隔 34.39 天发布一次预测报告，最小值为 0.75，最大值为 5689，该值与分析师激进预测样本中的差异较大，其原因同样是因为前面所说的样本选择的问题。其他变量如 NONSTAR、BROKERSIZE 等的值与表 4-2 Panel A 中分析师激进预测比例样本的描述性统计情况基本一致，此处不再赘述。

从表 5-2 的 Panel B 中可以看到，从 2003 年到 2017 年，共发布了 330807 份预测报告，同样的，比分析师激进预测的样本点多了 4 万多个，其原因仍然是由于分析师激进预测需要涉及和前面 90 天的预测平均值以及上次预测进行比较，首次发布预测由于没有比较的基准而被剔除了。变量 FIR_COV 指分析师对上市公司发布的预测是否为首次，其均值为 0.02，表示平均每个分析师首次追踪的上市公司为 0.02 个，最小值为 0，最大值为 1；变量 DAYSELAPSED 为距离分析师发布预测之前最近的一次预测与当次预测相差的天数，其均值为 26.1，表示平均而言，分析师每隔 26.1 天发布一次预测报告，其值与激进预测中的差异较大，原因同样是变量定义导致的样本选择。其他变量的值变化不大，此处不再赘述。

表 5-3 列出的是本章实证模型中各个主要变量间的 Pearson 相关系数矩阵。从表 5-3 中可以看到，PFIR_COV 和 NONSTAR 之间的相关性显著为正，FIR_COV 和 NONSTAR 之间的相关系数也显著为正，初步验证了本研究的假设 5.1，即与明星分析师相比，非明星分析师更可能首次发布暂时没有分析师跟踪的上市公司的盈余预测报告来提高自己上榜明星分析师的概率。大多数变量间的相关系数较小，这表明多重共线性的可能性较低。

表 5-3

主要变量的相关系数

Panel A：PFIR_COV 模型所用样本中主要变量的相关系数

	PFIR_COV	NONSTAR	DAYSELAPSED	HORIZON	BROKERSIZE	EXPERIENCE	FIRMSCOVERED	NANALYST
PFIR_COV	1							
NONSTAR	0.011***	1						
DAYSELAPSED	0.663***	0.007***	1					
HORIZON	0.018***	−0.038***	−0.028***	1				
BROKERSIZE	−0.029***	−0.262***	−0.019***	0.017***	1			
EXPERIENCE	−0.036***	−0.225***	−0.018***	0.032***	0.107***	1		
FIRMSCOVERED	0.00100	−0.111***	0.012***	0.021***	−0.090***	0.255***	1	
NANALYST	−0.259***	0.025***	−0.251***	0.026***	−0.00300	0.004*	−0.057***	1

续表

Panel A：FIR_COV 模型所用样本中主要变量的相关系数

	FIR_COV	NONSTAR	DAYSELAPSED	HORIZON	BROKERSIZE	EXPERIENCE	FIRMSCOVERED	NANALYST
FIR_COV	1							
NONSTAR	0.016***	1						
DAYSELAPSED	0.660***	0.011***	1					
HORIZON	0.011***	−0.033***	−0.015***	1				
BROKERSIZE	−0.024***	−0.251***	−0.024***	0.012***	1			
EXPERIENCE	−0.027***	−0.222***	−0.019***	0.011***	0.091***	1		
FIRMSCOVERED	0.00300	−0.122***	0.011***	0.022***	−0.104***	0.240***	1	
NANALYST	−0.206***	0.013***	−0.226***	0.020***	0.011***	0.008***	−0.060***	1

注：*、**、***分别表示 10%、5%、1%的显著性水平。

二、实证检验结果

1. 假设 5.1 的实证分析

表 5-4 为假设 5.1 的单变量检验结果。从表 5-4 中可以看到在分析师首次追踪比例 PFIR_COV 的单变量检验中，168725 个样本中，有 141919 个样本是由非明星分析师发布的，而明星分析师则发布了 26806 个盈余预测。非明星分析师首次跟踪比例的均值为 0.0367，明星分析师次跟踪比例的均值则为 0.0328，二者之间的差异为 0.0039，均值检验的 t 值为 3.3293，表明该差异在 1% 的水平上显著。同样的，在 FIR_COV 的单变量检验中，330807 个样本中，非明星分析师发布了 266767 个盈利预测，而明星分析师则发布了 64040 个盈余预测。对于分析师首次跟踪比例，非明星分析师的均值为 0.0233，明星分析师激进预测概率的均值则为 0.0173，差异为 0.0060，均值检验的 t 值为 9.2529，表明两者在 1% 的水平上显著差异。由表 5-4 可以看到，在整体上，非明星分析师比明星分析师更可能首次追踪上市公司。

表 5-4   **假设 5.1 单变量检验**

	PFIR_COV		FIR_COV	
	样本量	均值	样本量	均值
非明星分析师的首次跟踪（1）	141919	0.0367	266767	0.0233
明星分析师的首次跟踪（0）	26806	0.0328	64040	0.0173
差异（1-0）		0.0039		0.0060
样本均值 T 检验		3.3293		9.2529

表 5-5 和表 5-6 是对假设 5.1 进行多元回归的检验结果，表 5-5 的被解释变量为年度分析师首次跟踪的比例 PFIR_COV 和 PFIR_COV1，表 5-6 的被解释变量为分析师是否为首次跟踪 FIR_COV 和 FIR_COV1。

表5-5　　　　　　　　非明星分析师是否更可能首次发布预测

VARIABLES	(1) PFIR_COV	(2) PFIR_COV	(3) PFIR_COV1	(4) PFIR_COV1
NONSTAR	0.003 *** (3.19)	0.003 *** (3.16)	0.004 *** (2.77)	0.004 *** (2.71)
DAYSELAPSED	0.031 *** (114.39)	0.031 *** (46.56)	0.068 *** (194.79)	0.068 *** (68.88)
HORIZON	0.009 *** (15.57)	0.009 *** (12.43)	0.010 *** (14.26)	0.010 *** (10.56)
BROKERSIZE	−0.001 (−0.97)	−0.001 (−0.88)	0.002 ** (2.50)	0.002 ** (2.31)
EXPERIENC	−0.003 *** (−3.06)	−0.003 *** (−3.11)	−0.001 (−1.34)	−0.001 (−1.33)
FIRMSCOVERED	−0.004 *** (−8.73)	−0.004 *** (−7.75)	−0.006 *** (−10.69)	−0.006 *** (−9.40)
NANALYST	−0.066 *** (−110.98)	−0.066 *** (−45.37)	−0.090 *** (−117.24)	−0.090 *** (−56.82)
CONSTANT	0.146 *** (20.03)	0.146 *** (9.87)	0.187 *** (19.85)	0.187 *** (11.44)
YEAR	Yes	Yes	Yes	Yes
FIX		Firm		Firm
N	168725	168725	16825	168725
Adj R^2	0.259	0.259	0.403	0.403

注：括号中是 t 值，＊、＊＊、＊＊＊分别表示10%、5%、1%的显著性水平。

表5-6　　　　　　　　非明星分析师是否更可能首次发布预测

VARIABLES	(1) FIR_COV	(2) FIR_COV	(3) FIR_COV1	(4) FIR_COV1
NONSTAR	0.002 ** (2.41)	0.002 ** (2.16)	0.003 *** (2.86)	0.003 ** (2.43)

续表

VARIABLES	(1) FIR_COV	(2) FIR_COV	(3) FIR_COV1	(4) FIR_COV1
DAYSELAPSED	0.022***	0.022***	0.056***	0.056***
	(136.76)	(43.21)	(239.08)	(59.69)
HORIZON	0.008***	0.008***	0.008***	0.008***
	(25.21)	(19.24)	(18.78)	(13.62)
BROKERSIZE	0.001*	0.001	0.005***	0.005***
	(1.74)	(1.44)	(7.34)	(6.15)
EXPERIENCE	−0.001	−0.001	0.002***	0.002***
	(−1.27)	(−1.18)	(2.88)	(2.58)
FIRMSCOVERED	−0.003***	−0.003***	−0.005***	−0.005***
	(−10.88)	(−8.81)	(−10.82)	(−8.82)
NANALYST	−0.047***	−0.047***	−0.070***	−0.070***
	(−124.46)	(−39.67)	(−130.46)	(−48.56)
CONSTANT	0.141***	0.141***	0.194***	0.194***
	(24.78)	(9.33)	(23.68)	(11.20)
YEAR	Yes	Yes	Yes	Yes
FIX		Firm		Firm
N	330807	330807	33007	330807
Adj R^2	0.177	0.177	0.301	0.301

注：括号中是 t 值，*、**、***分别表示10%、5%、1%的显著性水平。

在表5-5中，从第（1）列可以看到，变量 NONSTAR 的系数在1%的水平上显著为正，这意味着与明星分析师相比，非明星分析师更可能首次追踪上市公司，验证了本研究的假设5.1。变量 DAYSELAPSED 的系数在1%的水平上显著为正，表明距离以前最近的一次任意分析师预测的时间越远，分析师首次发布预测的比例越大，可能的解释是，距离以前最近一次分析师预测发布的时间越远，分析师越可能通过首次发布预测增加自己的影响力。变量 HORIZON 的系数在1%的水平上显著为正，意味着，距离上市公司盈余公告日越远，分析师越会首次跟踪公司。EXPERIENCE、FIRMSCOVERED、NANALYST 等变量的系数均在 1% 的水平上显著为负，表示分析师从业时间越长、追踪的公司数量越多、追踪上市公司的分析师越多，分析师首次跟踪上市公司的比例越低。从表 5-5 的第 (2) 列可知，在固定公司效应后，变量 NONSTAR 的系数仍然在 1% 的水平上显著为正，而由第 (3)、(4) 列可以看到，改用 PFIR_COV1 度量分析师的首次跟踪，其结果仍然保持不变，变量 NONSTAR 的系数还是显著为正。

在表 5-6 中，从第 (1) 列可以看到，变量 NONSTAR 的系数在 1% 的水平上显著为正，这意味着与明星分析师相比，非明星分析师更可能首次追踪上市公司，验证了本研究的假设 5.1。从列 (2)、(3)、(4) 可以看到，固定公司效应以及改用 FIR_COV1 度量分析师的首次跟踪行为，变量 NONSTAR 的系数在 1% 的水平上显著为正。其他变量的情况与表 5-5 相似，此处不再赘述。

2. 假设 5.2 的实证分析

表 5-7 为假设 5.2 的单变量检验结果。Panel A 是关于首次跟踪比例 PFIR_COV 的单变量检验，而 Panel B 则是关于分析师激进预测 FIR_COV 的单变量检验。我们把每个年度分为投票期和非投票期，并分别计算了投票期间和非投票期间分析师首次跟踪均值。

表 5-7   假设 5.2 单变量检验

	非投票期 (0)		投票期 (1)		差异	样本均值
	样本量	均值	样本量	均值	(1-0)	T 检验
Panel A：PFIR_COV（首次跟踪比例）						
非明星分析师的预测 (1)	84368	0.0310	92468	0.0319	0.0008977	11.1676
明星分析师的预测 (0)	17875	0.0247	18614	0.0279	0.0032	1.9822
差异 (1-0)		0.0035		0.0022	-0.002265	
样本均值 T 检验		5.3583		3.9086		
Panel B：FIR_COV（首次跟踪）						
非明星分析师的预测 (1)	119592	0.0236	147175	0.0231	-0.0004769	-0.8118
明星分析师的预测 (0)	29072	0.0171	34968	0.0175	0.0004062	0.3923

续表

| | 非投票期（0） | | 投票期（1） | | 差异 | 样本均值 |
	样本量	均值	样本量	均值	（1-0）	T 检验
差异（1-0）		0.0065		0.0056	-0.0008831	
样本均值 T 检验		6.7077		6.4072		

从表 5-7 的 Panel A 中可以看到，213325 个样本点中，有 176 836 个样本是由非明星分析师发布的，而明星分析师则发布了 36489 个盈余预测，在非投票期，所有分析师共发布了 102243 个盈余预测，投票期间则为 111082。在非投票期，非明星分析师首次追踪比例的均值为 0.0310，明星分析师首次追踪比例的均值则为 0.0247，差异为 0.0035，均值检验的 t 值为 5.3583，表明两者之间的差异在 1% 的水平上显著。在投票期，非明星分析师首次追踪比例的均值为 0.0319，明星分析师首次追踪比例的均值则为 0.0279，差异为 0.0022，均值检验的 t 值为 3.9086，表明两者的差异在 1% 的水平上显著。非明星分析师首次追踪比例的均值在非投票期和投票期的差异为 0.0009，且在 1% 的水平上显著，而明星分析师首次追踪比例的均值在非投票期和投票期的差异并不显著。

从表 5-7 的 Panel B 中可以看，330807 个样本中，分析师在非投票期共发布了 148664 个盈余预测，投票期间则为 182143，无论是明星分析师还是非明星分析师，他们在投票期发布的盈余预测都要远远多于非投票期发布的盈余预测，这意味着，分析师在投票期间更为勤勉，在一定程度上表明分析师外部评选机制促使了分析师更努力工作。在非投票期，非明星分析师首次追踪的均值为 0.0236，明星分析师首次追踪均值则为 0.0171，两者之间的差异为 0.0065，均值检验 t 值为 6.7077，表明该差异在 1% 的水平上显著。在投票期，非明星分析师首次追踪的均值为 0.0231，明星分析师首次追踪的均值则为 0.0175，差异为 0.0056，均值检验的 t 值为 6.4072，表明两者之间的差异在 1% 的水平上显著。

从表 5-7 的 Panel A 和 Panel B 中可以看到，在整体上，非明星分析师比明星分析师更可能对没有分析师跟踪的上市公司进行首次追踪。

表 5-8 和表 5-9 是对假设 5.2 进行多元回归的检验结果，表 5-8 的被解释变量为年度分析师首次跟踪的比例 PFIR_COV 和 PFIR_COV1，表 5-9 的被解释变量

为分析师是否为首次跟踪 FIR_COV 和 FIR_COV1。

表 5-8　　　　　投票期，非明星分析师是否更可能首次发布预测

VARIABLES	(1) PFIR_COV	(2) PFIR_COV	(3) PFIR_COV1	(4) PFIR_COV1
NONSTAR	0.001	0.001	0.000	0.000
	(0.79)	(0.81)	(0.22)	(0.21)
VOT_PERIOD	0.006***	0.006***	0.005**	0.005**
	(3.58)	(3.93)	(2.27)	(2.30)
NONSTAR ∗ **VOT_PERIOD**	**0.003 ∗**	**0.003 ∗**	**0.006 ∗∗∗**	**0.006 ∗∗∗**
	(1.74)	**(1.91)**	**(2.61)**	**(2.65)**
DAYSELAPSED	0.027***	0.027***	0.065***	0.065***
	(119.72)	(45.06)	(210.16)	(66.31)
HORIZON	0.007***	0.007***	0.007***	0.007***
	(14.09)	(11.56)	(9.84)	(7.47)
BROKERSIZE	−0.000	−0.000	0.004***	0.004***
	(−0.27)	(−0.24)	(4.62)	(4.19)
EXPERIENCE	−0.001	−0.001	0.002 ∗	0.002 ∗
	(−1.56)	(−1.56)	(1.95)	(1.89)
FIRMSCOVERED	−0.004***	−0.004***	−0.006***	−0.006***
	(−9.86)	(−8.51)	(−10.62)	(−9.25)
NANALYST2	−0.059***	−0.059***	−0.084***	−0.084***
	(−115.38)	(−43.40)	(−121.54)	(−54.26)
CONSTANT	0.160***	0.160***	0.207***	0.207***
	(23.32)	(10.64)	(22.25)	(12.53)
YEAR	Yes	Yes	Yes	Yes
FIX		Firm		Firm
N	213325	213325	21325	213325
Adj R²	0.227	0.227	0.369	0.369

注：括号中是 t 值，∗、∗∗、∗∗∗分别表示 10%、5%、1%的显著性水平。

表 5-9　　　　　　　投票期，非明星分析师是否更可能首次发布预测

VARIABLES	(1) FIR_COV	(2) FIR_COV	(3) FIR_COV1	(4) FIR_COV1
NONSTAR	−0.000	−0.000	−0.001	−0.001
	(−0.43)	(−0.42)	(−0.74)	(−0.68)
VOT_PERIOD	0.002	0.002	0.000	0.000
	(1.43)	(1.60)	(0.06)	(0.06)
NONSTAR * VOT_PERIOD	**0.003***	**0.003***	**0.006***	**0.006***
	(2.84)	**(3.13)**	**(3.73)**	**(3.76)**
DAYSELAPSED2	0.022***	0.022***	0.056***	0.056***
	(137.02)	(43.24)	(239.20)	(59.68)
HORIZON2	0.007***	0.007***	0.007***	0.007***
	(19.65)	(15.75)	(14.27)	(10.72)
BROKERSIZE2	0.001*	0.001	0.005***	0.005***
	(1.68)	(1.39)	(7.30)	(6.11)
EXPERIENCE2	−0.000	−0.000	0.003***	0.003***
	(−0.73)	(−0.68)	(3.33)	(2.98)
FIRMSCOVERED2	−0.004***	−0.004***	−0.005***	−0.005***
	(−11.47)	(−9.28)	(−11.33)	(−9.24)
NANALYST2	−0.047***	−0.047***	−0.070***	−0.070***
	(−124.26)	(−39.65)	(−130.28)	(−48.55)
CONSTANT	0.148***	0.148***	0.204***	0.204***
	(25.72)	(9.79)	(24.60)	(11.75)
YEAR	Yes	Yes	Yes	Yes
FIX		Firm		Firm
N	330807	330807	33007	330807
Adj R²	0.177	0.177	0.301	0.301

注：括号中是 t 值，*、**、***分别表示10%、5%、1%的显著性水平。

在表 5-8 中，从第（1）列可以看到，变量 NONSTAR * VOT_PERIOD 的系数

在 10% 的水平上显著为正，这意味着，与非投票期相比，投票期加强了非明星分析师首次追踪上市公司的行为，从而为本研究的假设 5.2 提供了实证证据。在表 5-7 的第（2）列中可以看到，固定了公司效应之后，变量 NONSTAR * VOT_PERIOD 的系数仍然显著为正。同样地，由表 5-8 的第（3）、（4）列可知，改用 PFIR_COV1 度量首次追踪后，变量 NONSTAR * VOT_PERIOD 的系数仍然显著为正。

在表 5-9 中，从第（1）列可以看到，变量 NONSTAR * VOT_PERIOD 的系数在 1% 的水平上显著为正，这意味着，与非投票期相比，非明星分析师首次追踪上市公司的行为在投票期得到了加强，验证了本研究的假设 5.2。在表 5-9 的第（2）、（3）、（4）列中可以看到，在固定了公司效应，以及改用 FIR_COV1 度量首次追踪后，结果仍然是稳定的，变量 NONSTAR * VOT_PERIOD 的系数均在 1% 的水平上显著为正。

第四节　本 章 小 结

分析师外部评选是对分析师相对业绩表现进行排序，类似于分析师行业的锦标赛；由于上榜明星分析师，能够迅速提高分析师的薪酬以及职业发展前景（Groysberg 等，2011；李丽青，2012），因而分析师有强烈的动机来赢取比赛。预期收益的增加，会导致分析师投入更多的时间和精力去收集和处理信息，以提供更高质量的研究报告。然而，分析师是否能够被评选为明星分析师，最终取决于机构投资者观测到的分析师业绩排名，即分析师的知名度以及表现出来的专业性。

由于明星分析师和非明星分析师的禀赋不同，其竞争策略的选择也存在差异。对明星分析师而言，以前的上榜经历提高了其知名度，因此，明星分析师更需要表现出专业性，他们可能会投入更多的时间和精力来挖掘已追踪公司的信息。对非明星分析师而言，则需要在提高认知度与表现出专业性进行权衡。因此，非明星分析师可能会首次追踪暂时没有分析师跟踪的公司以增加自己的辨识度以及可能的专业性。

本研究以 2003 年至 2017 年新财富最佳分析师的评选为背景，把分析师分为明星分析师和非明星分析师，利用分析师发布的盈余预测样本，来研究分析师外部评选机制对分析师首次跟踪暂时没有分析师跟踪的上市公司的行为的可能影响。

本研究的实证结果发现：与明星分析师相比，非明星分析师更可能对没有分析师追踪的上市公司进行首次追踪；明星分析师的评选期会加强非明星分析师对暂时没有分析师跟踪的上市公司的首次追踪行为。这些证据表明，分析师外部评选会正面地影响分析师的首次跟踪行为。

本研究首次研究了分析师外部评选机制对分析师首次跟踪暂时没有分析师跟踪的上市公司的行为，丰富了分析师首次跟踪行为的文献，拓展了分析师跟踪行为的研究。本研究的发现不仅有助于了解分析师外部评选机制对分析师行为的可能影响，还有助于全面地分析和评价分析师外部评选对整个经济社会的可能影响。以往的研究表明，分析师跟踪通过增加公司在投资者中的辨识度（Merton，1987；Li 和 You，2015）、改善上市公司的流动性（Brennan 和 Subrahmanyan，1995；Irvine，2003）、通过外部监督降低公司的代理成本（Lang 等，2004；Jung 等 2012）等方式为公司带来难以估量的经济利益，并最终提高整个公司的福利和价值（Chung 和 Jo，1996）。这意味着，分析师对那些暂时没有分析师跟踪的上市公司的首次跟踪具有重要的经济意义。本研究有助于了解分析师外部评选机制对分析师行为的影响，为理解分析师行为的动机提供了一个有用的框架。

第六章　分析师外部评选机制对资本
市场信息环境的影响

第一节　理论推导和假设提出

为了评价分析师外部评选机制是否有效，现有的文献主要是对上榜明星分析师是否提供了高质量的研究报告，以及上榜的原因进行探讨，但是得到的结论却并不相同。

一、关于明星分析师的预测质量

Stickel（1992）发现，与其他分析师相比，明星分析师提供的盈利预测更准确也更频繁。Emery 和 Li（2009）则分别研究了《机构投资者》和《华尔街日报》评选的明星分析师，结果发现，分析师排名并没有任何重要的投资价值：成为华尔街日报明星分析师的随后一年，与其他分析师相比，在投资建议上，华尔街日报明星分析师的表现显著更差，而《机构投资者》评选的明星分析师则与其他分析师并无差异；在盈余预测准确性上，两类明星分析师与非明星分析师也并无差异。Emery 和 Li（2009）由此得出结论，认为分析师排名在很大程度上只是"人气竞赛"。Fang 和 Yasuda（2014）则利用 1994—2005 年的数据，比较了在评选之前和之后以及不同投资期限下，基于明星分析师和非明星分析师的投资评级而购买的动态投资组合的表现。他们发现，对于可以私下优先获取分析师建议的投资者，明星分析师推荐的投资组合获取的回报率每月要高出 0.6%。而没有此类访问权限的投资者获得超额回报则更为有限，每月的收益幅度仅为 0.3%，但这一超额回报的获取仅限于排名靠前的全美分析师的购买建议，此外，无论是评选前还是评选后，明星分析师提供的预测质量都更高，并因此得出结论，分析师的外部评选机制能够选出预测质量更高的分析师。

我国关于明星分析师的研究起步较晚，李丽青（2012）对《新财富》评选出的明星分析师和其他分析师的盈余预测进行对比分析后发现，最佳分析师预测准确性和预测调整的激进度均高于其他分析师。游家兴等（2017）发现明星分析师的盈余预测更具信息含量。王宇熹等（2012）把明星分析师进一步分为顶级券商明星分析师和非顶级券商分析师，其结果表明，不同券商的明星分析师并不总是能够提供高质量的投资评级。Xu 等（2013）、伊志宏和江轩宇（2013）则发现，明星分析师有助于降低公司的股价同步性，并由此认为，明星分析师可以提供更多的公司特质信息，更擅长挖掘公司特质信息方面的信息。而吴偎立等（2016）对比了明星分析师和非明星分析师在获奖前后预测报告的信息质量，结果表明，在获奖前，与非明星分析师相比，明星分析师并没有提供更高质量的预测报告。吴偎立等（2016）认为，由于"有限关注"，机构投资者并不能很好地甄别不同分析师在能力上的差异，机构投资者对分析师的投票很可能是基于分析师的知名度而不是预测质量的高低。

已有文献试图通过探讨评选出来的明星分析师是否提供更高质量的预测，来评价分析师外部评选机制的合理性，但是，外部评选机制本身对分析师行业甚至资本市场信息环境的更直接的影响作用，这个更为宏观、更为重要的问题，则尚无研究涉及。其原因有二：其一，外部评选机制的产生并不完全是外生引进的，且其影响力也并不是一蹴而就，而是循序渐进的，因此，无法有效地识别事件的窗口期；其二，外部评选机制的引进对整个分析师行业产生影响，无法找到一个不受外部评选机制影响的控制样本控制时间趋势等其他因素的影响。

在我国，分析师行业中最具影响力的外部评选机制就是《新财富》每年评选的"最佳分析师"。最佳分析师的评选始于 2003 年，第一届只有 77 位公募基金经理进行投票，参评分析师人数也只有几十个。但是，2005 年之后，参评的分析师和机构投资者数量急剧扩大，对分析师的影响力也迅速提升。到了 2017 年，参评的分析师数量达到 1400 余人，参与投票的机构投资者代表有 4000 余人，其资产规模超过 70 万亿元。

然而，随着 2018 年 9 月 18 日"方正"事件门的爆出，使新财富最佳分析师的评选发生了外生的中断。从而为研究外部评选机制对整个分析师行业以及资本市场环境的影响提供了一个绝佳的事件窗口。

二、分析师外部评选机制的影响

新财富最佳分析师评选的方法参照美国机构投资者杂志的"全美国"分析师，每年，在其 10 月刊中，机构投资者杂志都会要求基金经理根据选股、盈利预测、书面报告和整体服务这四个标准来评估分析师（Stickel，1992）。而我国"新财富最佳分析师"的评选则是直接让每个投票人按照自己认为的排名写下 5 个分析师提名，但并没有明确说明要按照什么标准来评价分析师。考虑到分析师作为信息中介的根本职责，其评选的标准与机构投资者的标准也应该相差不远。

虽然分析师会在评选时到各家机构去路演、拜票以游说基金经理（吴偎立等，2016），但是这项民意调查中两个最重要的标准仍然是在盈利预测和选股方面表现出的专业性（Hong 和 Kubik，2003）。Brown 等（2016）对 344 位买方分析师的问卷调查表明，买方分析师们较看重卖方分析师提供的行业知识以及卖方分析师和管理层的沟通交流。由于买方分析师直接影响机构投资者的投资决策，因而，买方分析师对卖方分析师行业知识以及公司特质信息的看重，意味着卖方分析师必须提供有信息内容的研究报告，才能被买方分析师乃至基金经理所认可。

通过这一外部的评选机制，投资者可以筛选出一些能力出众的分析师，即便不是提供了最高信息质量的分析师，也绝不可能是表现最差的分析师。实际上，现有的研究表明，评选出来的明星分析师的确提供了高质量的预测（李丽青，2012；Xu 等，2013；伊志宏和江轩宇；2013；游家兴等，2017），而即便筛选出来的明星分析师提供的预测质量并没有显著高于其他分析师（吴偎立等，2016），那些相对能力较差的明星分析师也能被识别出来，比如 Emery 和 Li（2008）发现，已经被评选为"明星"的分析师如果要再次评选上，其业绩表现更为重要。因此，从长期来看，这一外部评选机制仍然是有效的。

明星分析师的评选是投票人按不同的研究方向即行业分别推荐前 5 名的分析师，这一评选方式促进了分析师在行业层面上的竞争。已有研究表明，分析师外部评选结果会对分析师个人利益产生巨大的影响，比如更高的报酬、更多的外部就业机会、更可能得到升迁（Wu 和 Zhang，2009；Groysberg 等，2011；李丽青，2012）。明星分析师带来的巨大收益，为分析师提供了强烈的动机去评选上明星分析师，从而加剧了分析师在行业层面上的竞争。

随着行业内竞争的加剧，分析师更努力地工作，以便为其投资组合中的所有股票进行更高质量的研究，从而使自己从同行业分析师中脱颖而出（Merkley 等，2017）。而分析师更努力的工作带来的影响是，可以为行业中的其他分析师提供更多信息，因为分析师经常使用同一行业其他分析师的报告来构建自己的报告（Clement 等，2011）。其最终的结果是提高了整个分析师行业盈余预测的准确度。

然而，明星分析师这一外部评选机制的外生结束，使分析师失去了一个"鱼跃龙门"而使自己身价立升的机会，从而降低了分析师脱颖而出的行为激励，因此，分析师可能会降低自己的努力程度，从而降低了整个分析师行业的预测准确度。由此，推出本章的第一个假设：

假设 6.1：同等情况下，分析师外部评选机制的外生中断，会降低分析师的努力程度，从而使整个分析师行业的预测准确度下降。

证券市场的有效性往往体现在其股价中所包含的公司信息含量的多少之上，而股价的同步性是股价在多大程度上反映了公司特质信息的一个重要表现，股价融入的公司信息越多，股价的同步性越低（Roll，1988；Mork 等，2004；Piotroski 和 Roulstone，2004；朱红军等，2007；Crawford 等，2012；伊志宏等，2019）。Crawford 等（2012）以分析师首次跟踪为研究对象，其研究发现，分析师所提供的公司特质信息越多，公司的股价同步性越低。

由于分析师外部评选机制的存在增加对分析师高质量预测报告的预期收益，为分析师提供了强烈的动机去挖掘更多公司层面的信息以通过提供更具公司信息含量的研究报告来帮助自己上榜明星分析师。而随着分析师提供的公司特质信息的增多，股价中所包含的公司特性信息也随之上升，从而降低了股价的同步性。

分析师外部评选活动的外生中断，减少了分析师挖掘公司特质信息的激励，从而减少了公司特质信息的供给，导致股价中所包含的公司信息含量下降，进而增加了公司股票价格的同步性。由此，推出本章第二个假设：

假设 6.2：同等情况下，分析师外部评选机制的外生中断会增加股价的同步性。

第二节　样本选择和研究设计

一、样本选择和数据来源

2018 年 9 月 18 日，方正证券分析师的饭局不雅视频引发了人们的关注，由于当时正值"新财富最佳分析师"评选阶段且该饭局中有具有投票权的业内人士参与，因此，视频中的分析师被质疑有拉票嫌疑。"饭局门"事件爆出，引发了外界对最佳分析师评选的疑问。

2018 年 9 月 21 日下午，受"方正饭局门"事件的影响，证券业协会发布《关于退出新财富分析师评选声明》，安信证券、长江证券、海通证券等 30 家券商联合声明宣告推出最佳分析师的评选，

2018 年 9 月 21 日，迫于外界的压力，新财富杂志与当日下午 19：12 宣布暂停 2018 年度新财富最佳分析师评选投票。

以上为新财富最佳分析师评选活动暂停的事件背景。由于新财富最佳分析师的评选是于 2018 年 9 月 21 日由于意外事件而发生了暂时中断，因此，本研究以 2018 年 9 月 21 日为事件日，研究分析师外部评选意外中断后，对资本市场信息环境的可能影响。

本研究使用的分析师预测数据来自国泰安数据库（CSMAR），并手工收集了新财富最佳分析师每年的投票截止时间。

二、研究设计

为了验证本章的第一个假设，即分析师外部评选中断后，分析师整体预测的信息含量是否会下降，利用分析师预测的准确度来度量预测报告的信息含量，我们设定了以下模型进行检验：

$$\begin{aligned}
\text{PMAFE}_{ijt} = {} & \beta_0 + \beta_1 \text{SUSP\_VOT\_D}_{ijt} + \beta_2 \text{NONSTAR} + \beta_3 \text{DAYSELAPSED}_{ijt} \\
& + \beta_4 \text{HORIZON}_{ijt} + \beta_5 \text{BROKERSIZE}_{ijt} + \beta_6 \text{OTHERNUMBER}_{ijt} \\
& + \beta_7 \text{EXPERIENCE}_{ijt} + \beta_8 \text{FIRMSCOVERED}_{ijt} + \beta_9 \text{NANALYST}_{ijt} \\
& + \delta_m \sum \text{YEAR}_m + \varepsilon_{ijt} \qquad\qquad\qquad\qquad 模型 (6.1)
\end{aligned}$$

根据假设 6.1，分析师外部评选机制暂停后，分析师可能会减少挖掘公司信息的努力程度，从而发布更少信息含量的报告，因此，本研究预期 SUSP_VOT_D 的系数 β_1 显著为负。

为了验证本章的第二个假设，分析师外部评选活动的外生中断是否影响股价的同步性，本研究利用模型（6.2）进行实证检验：

$$SYN_{ijt} = \beta_0 + \beta_1 SUSP\_VOT\_D_{ijt} + \beta_2 SIZE_{ijt} + \beta_3 LEV_{ijt} + \beta_4 ROE_{ijt} + \beta_5 CFO_{ijt}$$

$$+ \beta_6 BM_{ijt} + \beta_8 NANALYST_{ijt} + \delta_m \sum INDCODE_m + \varepsilon_{ijt} \qquad 模型（6.2）$$

根据假设 6.2，分析师外部评选活动外生中断会造成股价同步性的上升，因此，我们预期变量 SUSP_VOT_D 的系数 β_1 显著为正。

三、变量定义

本章进行实证检验所用的被解释变量为预测准确度 $PMAFE_{ijt}$ 和股价同步性 SYN_{ijt}，具体的定义和计算方法如下。

$PMAFE_{ijt}$：是经过比例均值调整的分析师盈余预测准确度，用来度量分析师盈余预测的信息含量，其详细的计算方法见第四章中的变量定义。

SYN_{ijt}：用来度量股价的同步性，借鉴已有文献（Hutton 等，2009；Gul 等，2010；李增泉等，2011），本研究按照以下的步骤计算得到股价同步性的值：

首先，按照方程（1）进行回归得到调整后的拟合系数 R^2

$$R_{i,t} = \beta_0 + \beta_1 R_{m,t-1} + \beta_2 R_{j,t-1} + \beta_3 R_{m,t} + \beta_4 R_{j,t} + \beta_5 R_{m,t+1} + \beta_6 R_{j,t+1} + \delta$$

$$（1）$$

其中，$R_{i,t}$ 为股票 i 在第 t 年度的日收益率，$R_{m,t}$ 则是第 t 年度的市场收益率，$R_{j,t}$ 为公司 i 所在行业 j 的日收益率。由于个股收益率与市场收益率以及行业收益率可能存在不同步涨跌的交易特征，本研究在方程（1）中加入了提前一个交易日以及滞后一个交易日的市场收益率以及行业收益率（Hutton 等，2009）。由于本研究是比较最佳分析师评选活动中断前后股价同步性的变化情况，因此，本章的年度定义与其他文章有所不同。最佳分析师的评选活动是与 2018 年 9 月 21 日宣告暂停的，因此，本研究以 2018 年 9 月 21 日这一时间点，往前推半年，往后延半年作为一个年度，2018 年 3 月 21 日至 2019 年 3 月 21 日为一个整年。在本章，每半个年度计算一次 R^2，以便能够系统地比较分析师外部评选活动外生中断事件带来的影响。R^2 越大，表明股价同步性越大，股价中所含的公司特质信息越少。

其次，由于 R^2 取值区间为 0 到 1，有上下限，为了将其转变成不受限的连续函数，参照 Morck 等（2000）年的方法，按照公式（2）计算得到股价同步性：

$$SYN = Log(R^2/(1 - R^2))　　　　　　（2）$$

变量 SYN 的值越大，表明公司 i 的股价同步性越强，股价中所包含的公司特质信息越少。

本章进行实证检验的解释变量为分析师外部评选活动暂停期间的虚拟变量 $SUSP\_VOT\_D_{ijt}$ 等，其定义如下。

$SUSP\_VOT\_D_{ijt}$：是分析师外部评选活动暂停期间的虚拟变量，以 2018 年 9 月 21 日为事件日，如果分析师发布预测的时间点在 2018 年 9 月 21 日之前，则取值为 1，否则为 0。

$SUSP\_VOT\_Y_{ijt}$：是分析师外部评选活动暂停年度的虚拟变量，2018 当年及之后取值为 1，否则为 0。

为了控制其他因素的可能影响，我们还在模型中分别加入了分析师从业经验、公司规模等控制变量，模型所用变量的具体定义详见表 6-1。

表 6-1　　　　　　　　　　　　　　　　**变量定义表**

变量名	变 量 定 义
$PMAFE_{ijt}$	是经过比例均值调整的分析师盈余预测准确度。
SYN_{ijt}	指股价的同步性，其值越大，意味着公司 i 的股价同步性越强，股价中所含的公司特质信息越少。
$NONSTAR_{ijt}$	是指分析师是否为明星分析师的虚拟变量，如果分析师当年是新财富最佳分析师，则取值为 0，否则为 1。

变 量 名	变 量 定 义
SUSP_VOT_D$_{ijt}$	是分析师外部评选活动暂停期间的虚拟变量，以 2018 年 9 月 21 日为事件日，如果分析师发布预测的时间点在 2018 年 9 月 21 日之前，则取值为 1，否则为 0。
SUSP_VOT_Y$_{ijt}$	是分析师外部评选活动暂停年度的虚拟变量，2018 年当年及之后取值为 1，否则为 0。
DAYSELAPSED$_{ijt}$	分析师 i 发布预测之前离该预测公告时间最近的一次任意一个分析师发布的预测过去的天数再取对数，如某分析师 i 在 1 月 29 日发布盈余预测，而在他之前，任意的一个分析师最近发布的预测为 1 月 9 日，DAYSELAPSED$_{ijt}$ 则取值为 20 的对数。由于分析师在发布预测时会参考发布之前其他分析师已经发布的盈利预测，该值越小，分析师越可能受到最近一次预测的影响，在模型中加入该变量来控制其他分析师盈余预测的影响。
HORIZON$_{ijt}$	指分析师盈余预测报告发布日距离盈余公告日的天数。
BROKERSIZE$_{ijt}$	指分析师所在证券公司的规模，其值的计算方法是每年对每个证券公司对外发布预测报告的分析师人数加 1 之后取对数。
OTHERNUMBER$_{ijt}$	表示分析师盈利预测公告前 90 天其他分析师发布的研究报告的份数，取值为研究报告数量的对数。
EXPERIENCE$_{ijt}$	是指分析师的从业经验，为分析师在该行业的从业年数。
FIRMSCOVERED$_{ijt}$	表示分析师在一年度内跟踪的公司数量，其计算方法是对每个分析师每年所追踪的公司数量加上 1 之后再取对数，可以用来控制分析师挖掘公司信息的专注度，分析师追踪的公司数量越多，对特定公司的信息挖掘所投入的时间和精力越少，对公司特质信息的供给可能也越少，从而减少其预测报告中所含的信息量。
NANALYST$_{ijt}$	表示跟踪同一家公司的分析师人数，对每年追踪某一上市公司的分析师数量取对数，可用来控制追踪同一上市公司分析师之间的竞争程度。
SIZE$_{ijt}$	用来度量公司规模，对公司的年末资产取对数计算得到。

续表

变量名	变量定义
LEV_{ijt}	是指公司的资产负债率，公司的负债在公司资产所占比例。
ROE_{ijt}	是指公司的净资产收益率，等于公司的利润除以公司的权益资本。
CFO_{ijt}	用来度量公司的经营活动所创造的现金，等于公司经营活动产生的现金流量的净额除以公司的总资产。
BM_{ijt}	用来度量公司的市账比，等于公司权益的市值加上公司债务的市值的和除以公司资产的账面价值。
$INDCODE_{ijt}$	公司行业的虚拟变量，其中制造业做了进一步细分。
$YEAR_{ijt}$	年度虚拟变量。

第三节　实证检验

一、描述性统计和相关系数分析

表 6-2 对假设 6.1 回归方程中主要变量所做的描述性统计。本研究选择 2017 年至 2018 年作为样本区间来比较分析师外部评选机制的外生中断对信息环境的影响。在表 6-2 中可以看到，进行检验的总样本量为 113807 个。变量 PMAFE 的均值为 -0.059，最小值为 -1，最大值为 2.993；变量 SUSP_VOT_D 的均值为 0.03，意味着在我们的样本中，分析师在新财富最佳分析师评选外生中断后所发的盈余预测样本占总样本的比例为 3%，这是因为，最佳分析师的评选是在 2018 年 9 月 21 日暂停的，据现在不到半年的时间。其他变量与前文基本保持一致，此处不再详细说明。

表 6-2　　　　　　　　　　主要变量的描述性统计

Variable	N	Mean	Sd	min	Q1	Q2	Q3	max
PMAFE	113807	-0.05915	0.7708	-1	-0.6393	-0.1807	0.2946	2.993

续表

Variable	N	Mean	Sd	min	Q1	Q2	Q3	max
SUSP_VOT_D	113807	0.0353	0.1845	0	0	0	0	1
NONSTAR	113807	0.7437	0.4366	0	0	1	1	1
DAYSELAPSED	113807	14.52	19.76	1	1	5	21	90
HORIZON	113807	203	97.7	-3	139	209	271	502
BROKERSIZE	113807	34.07	14.92	1	23	34	47	62
OTHERNUMBER	113807	9.523	8.663	1	3	7	13	72
EXPERIENCE	113807	5.171	2.973	1	3	5	7	17
FIRMSCOVERED	113807	33.79	27.28	1	16	26	43	190
NANALYST	113807	16.52	8.882	2	10	15	22	49

表 6-3 列出的是假设 6.1 回归方程中各主要变量间的 Pearson 相关系数矩阵。从表 6-3 可以看到，PMAFE 和 SUSP_VOT_D 之间的相关性显著为负，这初步验证了本研究的假设 1，即分析师外部评选活动的外生中断，会降低整个分析师行业的预测准确度。大多数变量间的相关系数较小，这表明多重共线性的可能性较低。

二、实证检验结果

1. 假设 6.1 的实证分析

表 6-4 为假设 6.1 的单变量检验结果。从表 6-4 中可以看到，在新财富最佳分析师评选外生中断前，分析师共发布了 109790 个盈余预测，准确度的均值为 -0.0494。在评选外生中断后，共发布了 4017 盈余预测，准确度均值为 -0.3261，二者之间的差异为 0.2767，均值检验 t 值为 22.402，表明该差异在 1% 的水平上显著。由此可以看到，在整体上，在分析师外部评选暂停后，分析师发布的盈余预测准确度下降了。

表6-3　主要变量的相关系数

	PMAFE	SUSP_VOT	NONSTAR	DAYSELAPSED	HORIZON	BROKERSIZE	OTHERNUMBER	EXPERIENCE	FIRMSCOVERED	NANALYST
PMAFE	1									
SUSP_VOT_D	-0.066***	1								
NONSTAR	-0.013***	0.033***	1							
DAYSELAPSED	-0.056***	0	-0.00200	1						
HORIZON	0.403***	-0.169***	-0.027***	-0.150***	1					
BROKERSIZE	0.00300	0.025***	-0.265***	0.007**	0.031***	1				
OTHERNUMBER	-0.116***	0.187***	0.028***	-0.296***	-0.186***	-0.026***	1			
EXPERIENCE	-0.00300	0.013***	-0.088***	-0.007**	-0.011***	-0.017***	0.006**	1		
FIRMSCOVERED	0.019***	-0.050***	-0.111***	0.006**	0.023***	-0.136***	-0.043***	0.208***	1	
NANALYST	0	0.120***	0.037***	-0.287***	0.00200	-0.006**	0.665***	0.025***	-0.070***	1

注: *、**、***分别表示10%、5%、1%的显著性水平。

表6-4   假设6.1PMAFE单变量检验

暂停评选前（0）		暂停评选后（1）		差异（0-1）	样本均值 t 检验
样本量	均值	样本量	均值		
109790	−0.0493805	4017	−0.326143	0.2767624	22.402

表6-5是假设6.1进行多元回归的检验结果。为了检验分析师外部评选中断带来的影响，本研究选取了不同的样本区间。表6-5的第（1）、（2）列所用的样本区间为2017年至2018年，而第（3）、（4）所用的样本区间为2015年至2018年。从表6-5中的第（1）列可以看到，变量SUSP_VOT_D的系数为−0.051，t 值为−3.38，该系数在1%的水平上显著为负，这意味着，最佳分析师评选暂停后，分析师发布的盈余预测准确度下降，从而验证了本研究的假设6.1。从表6-5的第（2）列可知，在控制了公司效应之后，其系数依然显著为负，从第（3）、（4）列可知，在更换样本区间后，其结果依然保持不变。

表6-5   暂停评选后，预测准确度是否下降

VARIABLES	（1） PMAFE	（2） PMAFE	（3） PMAFE	（4） PMAFE
SUSP_VOT_D	−0.051 ***	−0.047 **	−0.060 ***	−0.055 ***
	（−3.38）	（−2.12）	（−4.05）	（−2.69）
NONSTAR	−0.002	−0.002	−0.017 ***	−0.017 **
	（−0.26）	（−0.18）	（−3.36）	（−2.57）
DAYSELAPSED	−0.005	−0.005	−0.017 ***	−0.017 ***
	（−1.62）	（−1.46）	（−9.14）	（−7.83）
HORIZON2	0.347 ***	0.347 ***	0.333 ***	0.333 ***
	（70.29）	（31.56）	（110.08）	（52.98）
BROKERSIZE	−0.019 ***	−0.019 **	−0.013 ***	−0.013 **
	（−3.12）	（−2.28）	（−3.20）	（−2.50）
OTHERNUMBER	−0.143 ***	−0.143 ***	−0.144 ***	−0.144 ***
	（−31.60）	（−14.83）	（−47.48）	（−22.43）

续表

VARIABLES	(1) PMAFE	(2) PMAFE	(3) PMAFE	(4) PMAFE
GENEXPERIENCE	0.011 * (1.66)	0.011 (1.29)	0.015 *** (3.34)	0.015 ** (2.50)
FIRMSCOVERED	−0.001 (−0.26)	−0.001 (−0.22)	−0.008 *** (−2.66)	−0.008 ** (−2.06)
NANALYST	0.169 *** (23.07)	0.170 *** (14.12)	0.143 *** (28.89)	0.142 *** (18.86)
CONSTANT	−1.968 *** (−42.51)	−1.974 *** (−25.36)	−1.795 *** (−64.60)	−1.790 *** (−39.90)
YEAR	Yes	Yes	Yes	Yes
FIX		Firm		Firm
N	51201	51201	113806	113806
Adj R^2	0.132	0.132	0.133	0.133

注：括号中是 t 值，＊、＊＊、＊＊＊分别表示 10%、5%、1%的显著性水平。

2. 假设 6.2 的实证分析

表 6-6 为假设 6.2 的单变量检验结果，其中 Panel A 所用样本的样本区间为 2018 年 3 月 21 日至 2019 年 3 月 21 日，Panel B 的样本区间为 2015 年 3 月 21 日 至 2019 年 3 月 21 日，Panel C 是对股价同步性进行的同比，区间为每年的 9 月 21 日至下一年度的 3 月 21 日。

表 6-6   假设 6.2 股价同步性单变量检验

暂停评选前		暂停评选后		差异	样本均值 t 检验
样本量	均值	样本量	均值		
Panel A：2018 年暂停评选前后环比					
3311	−0.3802102	3316	0.121444	0.5016541	26.3128

续表

暂停评选前		暂停评选后		差异	样本均值 t 检验
样本量	均值	样本量	均值		
Panel B：2015—2018 年暂停评选前后相比					
19157	−0.2886538	3316	0.121444	0.4100977	24.0911
Panel C：2015—2018 年暂停评选后同比					
7921	−0.3400874	3316	0.121444	0.4615313	24.8236

从表 6-6 的 Panel A 中可以看到，在新财富最佳分析师评选外生中断前半年，分析师共发布了 3311 个盈余预测，变量 SYN 的均值为−0.380。在评选外生中断后半年，共发布了 3316 个盈余预测，准确度均值为 0.121，两者之间的差异为 0.502，均值检验的 t 值为 26.31，表明两者之间的差异在 1% 的水平上显著。从表 6-6 的 Panel B 和 Panel C 中可以看到，无论是同比还是前后相比，暂停评选前后股价的同步性的差异都在 1% 的水平上显著。

从表 6-6 可以知道，在整体上，分析师外部评选暂停后，公司股票价格的同步性显著上升。

表 6-7 是假设 6.2 多元回归的检验结果。为了检验分析师外部评选中断带来的影响，本研究选取不同的样本区间进行比较。表 6-7 的第（1）列的样本期间为评选中断前后半年，第（2）、（4）列的样本区间为 2015 年 3 月 21 日至 2019 年 3 月 21 日，而第（3）列所用的样本区间为 2015—2019 年每年的 9 月 21 日至下一年度的 3 月 21 日，是对股价同步性进行的环比。从表 6-7 中的第（1）列可以看到，变量 SUSP_VOT 的系数为 0.051，t 值为 28.69，该系数在 1% 的水平上显著为正，这意味着，最佳分析师评选暂停后，股价的同步性显著上升，从而验证了本研究的假设 6.1。从表 6-7 的第（2）列可知，把比较的时间段向前延长后，变量 SUSP_VOT_D 的系数仍然是显著为正。由于不同的时间段，分析师所获取的信息以及提供的信息量可能存在差异，为了控制不同时段带来的影响，我们比较了不同年度同一时间段的股价同步性，结果见表 6-7 的第（3）列，可以看到，变量 SUSP_VOT_Y 的系数仍然在 1% 的水平上显著为正。其结果仍然保持稳定。在表 6-7 的第（4）列中，我们相当于是采用了双差分模型来验证假设

6.2，可以看到，变量 SUSP_VOT_D * SUSP_VOT_Y 的系数仍然在 1% 的水平上显著为正。

表 6-7　　　　　　　　　暂停评选后，股价同步性是否上升

VARIABLES	（1）SYN	（2）SYN	（3）SYN	（4）SYN
SUSP_VOT_D	0.501***	0.396***		-0.140***
	(28.69)	(23.86)		(-10.07)
SUSP_VOT_Y			0.445***	-0.198***
			(24.59)	(-10.88)
SUSP_VOT_D * SUSP_VOT_Y				0.641***
				(24.99)
SIZE	0.172***	0.104***	0.117***	0.105***
	(17.61)	(18.93)	(15.21)	(19.20)
LEV	-0.607***	-0.027***	-0.024*	-0.029***
	(-11.11)	(-2.92)	(-1.85)	(-3.08)
ROE	0.002	0.006*	0.006	0.005*
	(0.83)	(1.88)	(1.43)	(1.80)
CFO	0.536***	0.321***	0.256**	0.302***
	(4.47)	(4.28)	(2.47)	(4.03)
BM	0.057***	0.014***	0.018***	0.014***
	(6.84)	(3.90)	(3.67)	(4.02)
NANALYST	0.004***	-0.004***	-0.001	-0.004***
	(3.30)	(-4.35)	(-0.70)	(-4.67)
CONSTANT	-4.440***	-2.688***	-3.066***	-2.622***
	(-20.43)	(-21.18)	(-17.25)	(-20.70)
INDCODE	Yes	Yes	Yes	Yes
N	6627	22473	1137	22473
Adj R²	0.244	0.079	0.113	0.086

注：括号中是 t 值，*、**、***分别表示 10%、5%、1% 的显著性水平。

第四节 本章小结

分析师外部评选机制是对分析师个人预测报告质量作出的市场评价，在整体上能够提高分析师行业之间的竞争，此外，由于分析师一旦上榜明星分析师，则意味着百万的收入溢价。

随着行业内竞争的加剧以及预期收益的增加，促使分析师投入更多的时间和精力来挖掘公司信息，以便为其投资组合中的所有股票进行更高质量的研究，从而使自己从同行业分析师中脱颖而出（Merkley 等，2017）。而分析师更努力工作带来的影响是，可以为行业中的其他分析师提供更多信息，因为分析师经常使用同一行业其他分析师的报告来构建自己的报告（Clement 等，2011）。其最终的结果是提高了整个分析师行业盈余预测的准确性以及股价中所含的公司特质信息。

我们利用 2018 年 9 月 21 日新财富最佳分析师评选的外生中断这一准自然实验来研究分析师外部评选机制对资本市场整体信息环境的影响作用。我们发现，新财富最佳分析师评选的外生中断之后，分析师盈余预测的准确度下降，公司股价的同步性上升。这些发现意味，分析师外部评选机制的缺失会导致分析师预测质量的整体下降，从而不利于证券市场的有效运行。

本研究的实证结果表明，分析师外部评选机制增加了资本市场上公司特质信息的供给，降低了投资者和公司之间的信息不对称，进而促进了资本市场的有效性。

本研究不仅有助于全面地了解分析师外部评选机制对整个资本市场信息环境的可能影响，为其存在的合理性和必要性提供了实证证据，还为监管层提供了一个新的角度来提高资本市场的运行效率，即可以通过规范和引导分析师的预测行为来促进资本市场信息的有效传递。

第七章　研究结论与政策建议

第一节　研究结论

作为资本市场最重要的信息中介，证券分析师能够有效地提高资本市场信息传递的效率，并对资源的有效配置起着非常重要的作用（Healy 和 Palepu，2001；Merkley 等，2017）。然而，证券分析师除了承担着将上市公司信息传递给投资者这一基本职责之外，还需要为券商增加交易佣金甚至吸引潜在的投行业务等，这些不同职责导致分析师发布预测报告的行为存在偏差，分析师可能会背离投资者利益而发布有偏的预测报告。为了有效地约束与引导分析师保持公正客观的态度来为投资者提供研究报告，实务界、学术界以及监管层都做了很多的尝试和努力。而分析师外部评选机制作为评价分析师的市场机制在其中所发挥的作用并没有受到应有的重视。

分析师外部评选机制能够帮助能力出众的分析师迅速建立起声誉，对分析师起着有效的激励作用。而至今为止，国内学者并没有对分析师外部评选机制进行全面、系统的研究。分析师外部评选机制如何影响分析师的预测行为？是否能够促进分析师预测质量的提高，从而改善整个资本市场的信息环境？对这些问题的解答能够帮助我们更好地了解分析师行为背后的动机以及分析师行业评选机制的设计。

由于目前，新财富最佳分析师的评选活动是我国最富影响力的分析师外部评选机制，因此，本研究以新财富最佳分析师的评选为切入点，深入系统地分析这一外部评选机制对分析师行为的影响，并利用最佳分析师评选的外生中断这一准自然实验来研究分析师外部评选机制对资本市场信息环境的可能影响。

分析师外部评选机制是对分析师相对业绩表现进行排序，类似于分析师行业的锦标赛。由于上榜明星分析师，能够为分析师的薪酬以及职业发展前景带来巨大的正面影响（Groysberg 等，2011；李丽青，2012），因而分析师有强烈的动机来赢取比赛。

结合锦标赛薪酬激励对参赛者风险行为的影响（Chevalier 和 Ellison，1997；Koski 和 Pontiff，1999；Yin 和 Zhang，2014），我们认为分析师为了获取分析师锦标赛竞争的胜利，很可能会改变其预测行为，采用更为冒险的竞争策略。激进预测作为一种风险更大的预测行为，不但能够增加分析师的个人辨识度，而且，如果一旦该激进预测被证实是准确的，则可以增大分析师转败为胜的概率。因此，分析师外部评选机制的存在很可能会诱使暂时落后分析师——非明星分析师采取激进预测这一风险行为。

此外，由于最佳分析师的评选是由机构投资者直接在选票上填写分析师的名称，这相当于是对分析师设置一道较高的知名度门槛。因而分析师能否被评选为明星分析师，最终取决于其知名度以及表现出来的专业性。由于明星分析师和非明星分析师的禀赋不同，其竞争策略的选择也存在差异。对明星分析师而言，以前的上榜经历提高了其知名度，因此，明星分析师更需要表现出专业性，他们可能会投入更多的时间和精力来挖掘已追踪公司的信息。对非明星分析师而言，则需要在提高认知度与表现出专业性之间进行权衡。因此，非明星分析师可能会首次追踪暂时没有分析师跟踪的公司以增加自己的辨识度以及可能的专业性。

本研究以 2003 年至 2017 年新财富最佳分析师的评选为背景，把分析师分为明星分析师和非明星分析师，来研究分析师外部评选机制对分析师预测行为的可能影响。本研究的实证结果发现：

（1）与明星分析师相比，非明星分析师更可能发布激进预测；在明星分析师的评选期间，非明星分析师的激进预测行为会得到进一步的加强；非明星分析师在评选为明星分析师后，其盈余预测的激进程度有所下降；在同等情况下，无论是与非明星分析师发布的非激进预测相比，还是与明星分析师发布的激进预测相比，非明星分析师所发布的激进预测所含的信息量都更低。我们在进一步的研究中发现，随着明星分析师称号对分析师职业发展前景影响力的扩大，分析师越可能发布激进的盈余预测；而即便在明星分析师中，其所在小组的组内排名也会影响分析师的激进预测行为，在明星分析师研究小组中排名越靠后的分析师，也越可能发布激进预测。这些证据表明，分析师外部评选的确会诱使分析师的激进预测行为。

（2）与明星分析师相比，非明星分析师更可能对没有分析师追踪的上市公司进行首次追踪；明星分析师的评选期会加强非明星分析师对暂时没有分析师跟踪的上市公司的首次追踪行为。这些证据表明，分析师外部评选会正面影响分析师的首次跟踪行为。

本研究利用 2018 年 9 月 21 日新财富最佳分析师评选的外生中断这一准自然实验来研究分析师外部评选机制对资本市场整体信息环境的影响作用，我们的实证结果发现，新财富最佳分析师评选的外生中断之后，分析师盈余预测的准确度下降，公司股价的同步性上升。这表明分析师外部评选机制的缺失会导致分析师预测质量的整体下降，从而不利于证券市场的有效运行。

本研究首次研究了分析师外部评选机制对分析师激进预测行为以及首次跟踪暂时没有分析师跟踪的上市公司的行为，丰富了分析师行为研究的文献，拓展了分析师行为动机的研究。

本研究的研究发现不仅丰富了锦标赛理论对参赛者风险行为诱导作用的研究，有助于全面了解锦标赛薪酬激励的作用，还从多人博弈的角度拓展了分析师预测行为的研究，有助于了解分析师外部评选机制对分析师预测行为的影响。

本研究的发现不仅有助于了解分析师外部评选机制对分析师行为以及资本市场信息环境的可能影响，还有助于全面地分析和评价分析师外部评选机制对整个经济社会的可能影响。

由于距离新财富最佳分析师评选的外生中断过去的时间并不久，很多相关的数据暂时还没有办法得到，因而，有些检验所使用的数据样本比较小。

第二节　政　策　建　议

结合本研究的研究，分析师外部评选机制虽然诱发了分析师的某些风险行为，如发布更激进的预测，但是，也促进了分析师对那些暂时没有分析师跟踪的公司的首次跟踪行为。由于分析师跟踪对上市公司价值提升的重要促进作用，分析师外部评价机制对分析师首次跟踪的积极影响，具有不可估计的经济社会价值。同时，这一外部市场评价机制还有助于提高分析师行业的信息供给，提高分析师预测整体的准确度以及股价中的公司特质信息含量。这些证据表明，总体而言，分析师外部评选机制能够对分析师预测行为以及资本市场的有效运行起到积极的促进作用，有其存在的合理性和必要性。

作为分析师报告的使用者，投资者唯一一个能够直接影响分析师个人声誉的渠道就是分析师的外部评选机制。分析师的外部评选机制，实际上是为投资者提供了一个直接影响分析师声誉的工具，相当于是为整个分析师行业设置了一个外部监督。由于投资者对分析师的评价直接影响到分析师能否评选上"明星分析师"及其职业发展前景，因此，投资者影响力的加大会增加分析师对投资者利益的倾斜，降低其他利益各方的权重，从而降低整个分析师行业可能的利益冲突。

如果外部评选机制促使某些分析师提高了其预测报告的质量，那么这些高质量的预测报告又会转过来影响其他分析师的报告质量，从而最终提高整个资本市场股价的信息量（Grossman 和 Stiglitz，1980；Merkley 等，2017），进而提高了市场的有效性。

因此，监管层在分析师评选规则的设定上，可能需要考虑更多的细节，来更好地防范分析师可能出现的行为偏差，而鼓励其发布更高质量的研究报告，进而提高资本市场上的信息传递的效率和信息质量，最终提高资本市场在资源配置上的有效性。

参 考 文 献

[1] 蔡庆丰，陈娇. 证券分析师缘何复述市场信息——基于市场反应的实证检验与治理探讨. 中国工业经济，2011（07）.

[2] 蔡庆丰，杨侃，林剑波. 羊群行为的叠加及其市场影响——基于证券分析师与机构投资者行为的实证研究. 中国工业经济，2011（12）.

[3] 曹胜，朱红军. 王婆贩瓜：券商自营业务与分析师乐观性. 管理世界，2011（07）.

[4] 方军雄，伍琼，傅颀. 有限注意力、竞争性信息与分析师评级报告市场反应. 金融研究，2018（07）.

[5] 胡奕明，林文雄，王玮璐. 证券分析师的信息来源、关注域与分析工具. 金融研究，2003（12）.

[6] 胡奕明，饶艳超，陈月根，等. 证券分析师的信息解读能力调查. 会计研究，2003（11）.

[7] 胡奕明，饶艳超，陈月根，等. 证券分析师的信息解读能力调查. 会计研究，2003（11）.

[8] 李春涛，赵一，徐欣，等. 按下葫芦浮起瓢：分析师跟踪与盈余管理途径选择. 金融研究，2016（04）.

[9] 李丽青.《新财富》评选的最佳分析师可信吗？——基于盈利预测准确度和预测修正市场反应的经验证据. 投资研究，2012（07）.

[10] 李丽青. 最佳分析师的投资评级更有投资价值吗——来自中国 A 股市场的经验证据. 广东商学院学报，2013（06）.

[11] 李琳，张敦力. 分析师跟踪、股权结构与内部人交易收益. 会计研究，2017（01）.

［12］李勇，王莉，王满仓．明星分析师的推荐评级更具价值吗？——基于媒体关注的视角．投资研究，2015（05）．

［13］李增泉，叶青，贺卉．企业关联、信息透明度与股价特征．会计研究，2011（01）．

［14］刘笑霞，李明辉．媒体负面报道、分析师跟踪与税收激进度．会计研究，2018（09）．

［15］毛新述，王斌，林长泉，等．信息发布者与资本市场效率．经济研究，2013（10）．

［16］潘越，戴亦一，林超群．信息不透明、分析师关注与个股暴跌风险．金融研究，2011（09）．

［17］潘越，戴亦一，刘思超．我国承销商利用分析师报告托市了吗？．经济研究，2011（03）．

［18］石桂峰，苏力勇，齐伟山．财务分析师盈余预测精确度决定因素的实证分析．财经研究，2007（05）．

［19］王雪莉，窦吉芳，王小晔．目标导向与同级绩效评价：相似吸引和近因效应的影响．科学学与科学技术管理，2018（07）．

［20］王宇熹，洪剑峭，肖峻．顶级券商的明星分析师荐股评级更有价值么？——基于券商声誉、分析师声誉的实证研究．管理工程学报，2012（03）．

［21］吴东辉，薛祖云．财务分析师盈利预测的投资价值：来自深沪 A 股市场的证据．会计研究，2005（08）．

［22］吴偎立，张峥，乔坤元．信息质量、市场评价与激励有效性——基于《新财富》最佳分析师评选的证据．经济学（季刊），2016（02）．

［23］杨其静，杨婧然．晋升问题：锦标赛理论的贡献与挑战．经济社会体制比较，2019（02）．

［24］伊志宏，江轩宇．明星 VS 非明星：分析师评级调整与信息属性．经济理论与经济管理，2013（10）．

［25］伊志宏，杨圣之，陈钦源．分析师能降低股价同步性吗——基于研究报告文本分析的实证研究．中国工业经济，2019（01）．

［26］ 游家兴，周瑜婷，肖珉. 凯恩斯选美竞赛与分析师预测偏差行为——基于高阶预期的研究视角. 金融研究，2017（07）.

［27］ 原红旗，黄倩茹. 承销商分析师与非承销商分析师预测评级比较研究. 中国会计评论，2007（03）.

［28］ 张娆，薛翰玉，赵健宏. 管理层自利、外部监督与盈利预测偏差. 会计研究，2017（01）.

［29］ 赵良玉，李增泉，刘军霞. 管理层偏好、投资评级乐观性与私有信息获取. 管理世界，2013（04）.

［30］ 郑建明，黄晓蓓，张新民. 管理层业绩预告违规与分析师监管. 会计研究，2015（03）.

［31］ 朱红军，何贤杰，陶林. 中国的证券分析师能够提高资本市场的效率吗——基于股价同步性和股价信息含量的经验证据. 金融研究，2007（02）.

［32］ Abarbanell J S, Bernard V L. Tests of analysts' overreaction/underreaction to earnings information as an explanation for anomalous stock price behavior. The journal of finance, 1992, 47（3）：1181-207.

［33］ Abarbanell J S, Lanen W N, Verrecchia R E. Analysts' forecasts as proxies for investor beliefs in empirical research. Journal of Accounting and Economics. 1995, 20（1）：31-60.

［34］ Abdel-Khalik A R, Ajinkya B B. Returns to informational advantages：The case of analysts' forecast revisions. Accounting Review, 1982, 57（4）：661-80.

［35］ Altinkilic O, Hansen R S. On the Information Role of Stock Recommendation Revisions. Journal of Accounting & Economics, 2009, 48（1）：17-36.

［36］ Altinkilic O, Balashov V S, Hansen R S. Are Analysts' Forecasts Informative to the General Public? Management Science, 2013, 59（11）：2550-2565.

［37］ Amiram D, Owens E, Rozenbaum O. Do information releases increase or decrease information asymmetry? New evidence from analyst forecast announcements. Journal of Accounting & Economics, 2016, 62（1）：121-138.

［38］ Andersson F. Career Concerns, Contracts, and Effort Distortions. Journal of

Labor Economics, 2002, 20（1）: 42-58.

［39］ Asquith P, Mikhail M B, Au A S. . Information content of equity analyst reports.
Journal of Financial Economics, 2005, 75（2）: 245-282.

［40］ Ayers B C, Call A C, Schwab C M. Do Analysts' Cash Flow Forecasts Encourage
Managers to Improve the Firm's Cash Flows? Evidence from Tax Planning.
Contemporary Accounting Research, 2018, 35（2）: 767-793.

［41］ Ayers B C, Freeman R N. Evidence That Analyst Following and Institutional
Ownership Accelerate the Pricing of Future Earnings. Review of Accounting
Studies, 2003, 8（1）: 47-67.

［42］ Ball R. , Brown P. An Empirical Evaluation of Accounting Income Numbers.
Journal of Accounting Research, 1968, 6（2）: 159-178.

［43］ Banerjee S, Kremer I. Disagreement and Learning: Dynamic Patterns of Trade.
Journal of Finance, 2010, 65（4）: 1268-1302.

［44］ Bernhardt D, Campello M, Kutsoati E. Who Herds? Journal of Financial
Economics, 2006, 80（3）: 657-675.

［45］ Bidwell C M. How Good Is Institutional Brokerage Research? The Journal of
Portfolio Management, 1977, 3（2）: 26-31.

［46］ Bikhchandani S, Sharma S. Herd Behavior in Financial Markets. Imf Staff
Papers, 2000, 47（3）: 279-310.

［47］ Bognanno M L. Corporate Tournaments. Journal of Labor Economics, 2001, 19
（2）: 290-315.

［48］ Botosan C A. Disclosure Level and the Cost of Equity Capital. Accounting
Review, 1997, 72（3）: 323-349.

［49］ Bowen R M, Chen X, Cheng Q. Analyst Coverage and the Cost of Raising Equity
Capital: Evidence from Underpricing of Seasoned Equity Offerings. Contemporary
Accounting Research, 2008, 25（3）: 657.

［50］ Bradley D, Clarke J, Lee S, et al. Are Analysts' Recommendations Informative?
Intraday Evidence on the Impact of Time Stamp Delays. Journal of Finance,
2014, 69（2）: 645-673.

[51] Bradley D, Gokkaya S, Liu X, et al. Are All Analysts Created Equal? Industry Expertise and Monitoring Effectiveness of Financial Analysts. Journal of Accounting & Economics, 2017, 63 (2-3): 179-206.

[52] Branson B C, Guffey D M, Pagach D P. Information Conveyed in Announcements of Analyst Coverage. Contemporary Accounting Research, 1998, 15 (2): 119-143.

[53] Brennan M J, Subrahmanyam A. Investment Analysis and Price Formation in Securities Markets. Journal of Financial Economics, 1995, 38 (3): 361-381.

[54] Brennan M J, Tamarowski C. Investor Relations, Liquidity, and Stock Prices. Journal of Applied Corporate Finance, 2000, 12 (4): 26-37.

[55] Bronars S. Risk Taking Behavior in Tournaments . Manuscript. Santa Barbara: Univ. California, 1987.

[56] Brown K C, Harlow W V, Starks L T. Of Tournaments and Temptations: An Analysis of Managerial Incentives in the Mutual Fund Industry. The Journal of Finance, 1996, 51 (1): 85-110.

[57] Brown L D, Call A C, Clement M B, et al. Inside the "Black Box" of Sell-Side Financial Analysts. Journal of Accounting Research, 2015, 53 (1): 1-47.

[58] Brown L D, Hagerman R L, Griffin P A, et al. Security Analyst Superiority Relative to Univariate Time-Series Models in Forecasting Quarterly Earnings. Journal of Accounting & Economics, 1987, 9 (1): 61-87.

[59] Brown P, Foster G, Noreen E W. Security Analyst Multi-Year Earnings Forecasts and the Capital Market: Amer Accounting Assn, 1985.

[60] Butler K C, Lang L H P. The Forecast Accuracy of Individual Analysts - Evidence of Systematic Optimism and Pessimism. Journal of Accounting Research, 1991, 29 (1): 150-156.

[61] Call A C. Analysts' Cash Flow Forecasts and the Predictive Ability and Pricing of Operating Cash Flows . Available at SSRN 1362177, 2008.

[62] Chan K, Hameed A. Stock Price Synchronicity and Analyst Coverage in Emerging Markets. Journal of Financial Economics, 2006, 80 (1): 115-147.

［63］ Chan L K C, Karceski J, Lakonishok J. Analysts' Conflicts of Interest and Biases in Earnings Forecasts. Journal of Financial and Quantitative Analysis, 2007, 42（4）: 893-913.

［64］ Chang J J, Khanna T, Palepu K. Analyst Activity around the World, 2000.

［65］ Chen Q, Francis J, Jiang W. Investor learning about analyst predictive ability. Journal of Accounting & Economics, 2005, 39（1）: 3-24.

［66］ Chen T, Harford J, Lin C. Do Analysts Matter for Governance? Evidence from Natural Experiments. Journal of Financial Economics, 2015, 115（2）: 383-410.

［67］ Chen X, Cheng Q, Lo K. On the relationship between analyst reports and corporate disclosures: Exploring the roles of information discovery and interpretation. Journal of Accounting & Economics, 2010, 49（3）: 206-226.

［68］ Cheng M, Subramanyam K R. Analyst Following and Credit Ratings. Contemporary Accounting Research, 2008, 25（4）: 1007.

［69］ Cheng Q. The Role of Analysts' Forecasts in Accounting-Based Valuation: A Critical Evaluation. Review of Accounting Studies, 2005, 10（1）: 5-31.

［70］ Chevalier J, Ellison G. Risk Taking by Mutual Funds as a Response to Incentives. Journal of Political Economy, 1997, 105（6）: 1167-1200.

［71］ Chung K H, Jo H. The Impact of Security Analysts' Monitoring and Marketing Functions on the Market Value of Firms. Journal of Financial and Quantitative Analysis, 1996, 31（4）: 493-512.

［72］ Cichello M S, Fee C E, Hadlock C J, et al. Promotions, Turnover, and Performance Evaluation: Evidence from the Careers of Division Managers. The Accounting Review, 2009, 84（4）: 1119-1143.

［73］ Clement M B., Tse S Y. Do investors respond to analysts' forecast revisions as if forecast accuracy is all that matters? Accounting Review, 2003, 78（1）: 227-249.

［74］ Clement M B, Tse S Y. Financial Analyst Characteristics and Herding Behavior in Forecasting. Journal of Finance, 2005, 60（1）: 307-341.

[75] Clement M B, Hales J, Xue Y F. Understanding Analysts' Use of Stock Returns and Other Analysts' Revisions When Forecasting Earnings. Journal of Accounting & Economics, 2011, 51 (3): 279-299.

[76] Cowen A, Groysberg B, Healy P. Which Types of Analyst Firms Are More Optimistic? Journal of Accounting & Economics, 2006, 41 (1-2): 119-146.

[77] Crawford S S, Roulstone D T, So E C. Analyst Initiations of Coverage and Stock Return Synchronicity. Accounting Review, 2012, 87 (5): 1527-1553.

[78] Crittenden K S. Sociological-Aspects of Attribution. Annual Review of Sociology, 1983, 9: 425-446.

[79] Das S, Levine C B, Sivaramakrishnan K. Earnings Predictability and Bias in Analysts' Earnings Forecasts. Accounting Review, 1998, 73 (2): 277-294.

[80] Debondt W F M, Thaler R H. Do Security Analysts Overreact. American Economic Review, 1990, 80 (2): 52-57.

[81] Demiroglu C, Ryngaert M. The First Analyst Coverage of Neglected Stocks. Financial Management, 2010, 39 (2): 555-584.

[82] Diefenbach R. How Good Is Institutional Brokerage Research? Financial Analysts Journal, 1972, 28 (1): 54-60.

[83] Dugar A, Nathan S. The Effect of Investment Banking Relationships on Financial Analysts' Earnings Forecasts and Investment Recommendations. Contemporary Accounting Research, 1995, 12 (1): 131-160.

[84] Dutta S, Gigler F. The Effect of Earnings Forecasts on Earnings Management. Journal of Accounting Research, 2002, 40 (3): 631-655.

[85] Dyck A, Morse A, Zingales L. Who Blows the Whistle on Corporate Fraud? The Journal of Finance, 2010, 65 (6): 2213-2253.

[86] Emery D R, Li X. Are the Wall Street Analyst Rankings Popularity Contests? Journal of Financial and Quantitative Analysis, 2009, 44 (2): 411-437.

[87] Fama E F. Market Efficiency, Long-Term Returns, and Behavioral Finance. Journal of Financial Economics, 1998, 49 (3): 283-306.

[88] Fang L H, Yasuda A. Are Stars' Opinions Worth More? The Relation between

Analyst Reputation and Recommendation Values. Journal of Financial Services Research, 2014, 46 (3): 235-269.

[89] Francis J, Soffer L. The Relative Informativeness of Analysts' Stock Recommendations and Earnings Forecast Revisions. Journal of Accounting Research, 1997, 35 (2): 193-211.

[90] Francis J, Schipper K, Vincent L. Earnings announcements and competing information. Journal of Accounting & Economics, 2002, 33 (3): 313-342.

[91] Frank R H, Cook P J. The Winner-Take-All Society: Why the Few at the Top Get So Much More Than the Rest of Us [M]. New York: Random House, 2010.

[92] Frankel R, Kothari S P, Weber J. Determinants of the informativeness of analyst research. Journal of Accounting & Economics, 2006, 41 (1-2): 29-54.

[93] Genakos, C., Pagliero M. Interim Rank, Risk Taking, and Performance in Dynamic Tournaments. Journal of Political Economy, 2012, 120 (4): 782-813.

[94] George, A. The Market for 'Lemons': Quality Uncertainty and the Market Mechanism. Quarterly Journal of Economics, 1970, 84 (3): 488-500.

[95] nuttGleason C A, Lee C M C. Analyst Forecast Revisions and Market Price Discovery. Accounting Review, 2003, 78 (1): 193-225.

[96] Graham J R. Herding among Investment Newsletters: Theory and Evidence. Journal of Finance, 1999, 54 (1): 237-268.

[97] Graham J R, Harvey C R, Rajgopal S. The Economic Implications of Corporate Financial Reporting. Journal of Accounting & Economics, 2005, 40 (1-3): 3-73.

[98] Graham J R, Hanlon M, Shevlin T, et al. Incentives for Tax Planning and Avoidance: Evidence from the Field. The Accounting Review, 2013, 89 (3): 991-1023.

[99] Grossman, S. J., and J. E. Stiglitz. 1980. On the Impossibility of Informationally Efficient Markets. The American economic review 70 (3): 393-408.

[100] Groysberg B, Healy P M, Maber D A. What Drives Sell-Side Analyst

Compensation at High-Status Investment Banks? Journal of Accounting Research, 2011, 49 (4): 969-1000.

[101] Grund C, Höcker J., Zimmermann S. Risk Taking Behavior in Tournaments: Evidence from the Nba. 2010.

[102] Gu Z Y, Li Z Q, Yang Y G. Monitors or Predators: The Influence of Institutional Investors on Sell-Side Analysts. Accounting Review, 2013, 88 (1): 137-169.

[103] Hayes R M. The Impact of Trading Commission Incentives on Analysts' Stock Coverage Decisions and Earnings Forecasts. Journal of Accounting Research, 1998, 36 (2): 299-320.

[104] Healy P M, Palepu K G. Information Asymmetry, Corporate Disclosure, and the Capital Markets: A Review of the Empirical Disclosure Literature. Journal of accounting and economics, 2001, 31 (1-3): 405-440.

[105] Hilary G, Hsu C. Analyst Forecast Consistency. Journal of Finance, 2013, 68 (1): 271-297.

[106] Hogarth R M, Einhorn H J. Order Effects in Belief Updating: The Belief-Adjustment Model. Cognitive psychology, 1992, 24 (1): 1-55.

[107] Hong H, Kubik J D. Analyzing the Analysts: Career Concerns and Biased Earnings Forecasts. Journal of Finance, 2003, 58 (1): 313-351.

[108] Hong H, Kubik J D, Solomon A. Security Analysts' Career Concerns and Herding of Earnings Forecasts. Rand Journal of Economics, 2000, 31 (1): 121-144.

[109] Hutton A P, Marcus A J, Tehranian H. Opaque Financial Reports, R2, and Crash Risk. Journal of Financial Economics, 2009, 94 (1): 67-86.

[110] Irani R M, Oesch D. Monitoring and corporate disclosure: Evidence from a natural experiment. Journal of Financial Economics, 2013, 109 (2): 398-418.

[111] Irvine P J. The Incremental Impact of Analyst Initiation of Coverage. Journal of Corporate Finance, 2003, 9 (4): 431-451.

[112] Irvine P J. Analysts' forecasts and brokerage-firm trading. Accounting Review,

2004, 79 (1): 125-149.

[113] Ivkovic Z, Jegadeesh N. The timing and value of forecast and recommendation revisions. Journal of Financial Economics, 2004, 73 (3): 433-463.

[114] Jackson A R. Trade Generation, Reputation, and Sell-Side Analysts. Journal of Finance, 2005, 60 (2): 673-717.

[115] Jegadeesh N, Kim W. Do Analysts Herd? An Analysis of Recommendations and Market Reactions. Review of Financial Studies, 2010, 23 (2): 901-937.

[116] Jensen M C, Meckling W H. Theory of the Firm: Managerial Behavior, Agency Costs and Ownership Structure. Journal of Financial Economics, 1976, 3 (4): 305-360.

[117] Jung B, Sun K J, Yang Y S. Do Financial Analysts Add Value by Facilitating More Effective Monitoring of Firms' Activities? Journal of Accounting, Auditing & Finance, 2012, 27 (1): 61-99.

[118] Kadous K, Mercer M, Thayer J. Is There Safety in Numbers? The Effects of Forecast Accuracy and Forecast Boldness on Financial Analysts' Credibility with Investors. Contemporary Accounting Research, 2009, 26 (3): 933.

[119] Kang S H, Obrien J, Sivaramakrishnan K. Analysts Interim Earnings Forecasts-Evidence on the Forecasting Process. Journal of Accounting Research, 1994, 32 (1): 103-112.

[120] Ke B, Yu Y. The Effect of Issuing Biased Earnings Forecasts on Analysts' Access to Management and Survival. Journal of Accounting Research, 2006, 44 (5): 965-999.

[121] Kelley H H. Attribution Theory in Social Psychology. Paper read at Nebraska symposium on motivation, 1967.

[122] Kelly B, Ljungqvist A. Testing Asymmetric-Information Asset Pricing Models. Review of Financial Studies, 2012, 25 (5): 1366-1413.

[123] Kempf A, Ruenzi S. Tournaments in Mutual-Fund Families. The Review of Financial Studies, 2007, 21 (2): 1013-1036.

[124] Kim S T, Lin J C, Slovin M B. Market Structure, Informed Trading, and

Analysts' Recommendations. Journal of Financial and Quantitative Analysis, 1997, 32 (4): 507-524.

[125] Kirk M. Research for Sale: Determinants and Consequences of Paid-for Analyst Research. Journal of Financial Economics, 2011, 100 (1): 182-200.

[126] Knyazeva D. Corporate Governance, Analyst Following, and Firm Behavior. Unpublished manuscript, 2007.

[127] Koski J L, Pontiff J. How Are Derivatives Used? Evidence from the Mutual Fund Industry. The Journal of Finance, 1999, 54 (2): 791-816.

[128] Kothari S. Capital Markets Research in Accounting. Journal of accounting and economics, 2001, 31 (1-3): 105-231.

[129] Krueger A B. The Economics of Real Superstars: The Market for Rock Concerts in the Material World. Journal of Labor Economics, 2005, 23 (1): 1-30.

[130] Lang M. Time-Varying Stock Price Response to Earnings Induced by Uncertainty About the Time-Series Process of Earnings. Journal of Accounting Research, 1991, 29 (2): 229-257.

[131] Lang M H, Lundholm R J. Corporate Disclosure Policy and Analyst Behavior. Accounting Review, 1996, 71 (4): 467-492.

[132] Lang M H, Lins K V, Miller D P. Concentrated Control, Analyst Following, and Valuation: Do Analysts Matter Most When Investors Are Protected Least? Journal of Accounting Research, 2004, 42 (3): 589-623.

[133] Lazear E P, Rosen S. Rank-Order Tournaments as Optimum Labor Contracts. Journal of Political Economy, 1981, 89 (5): 841-864.

[134] Lee J. Prize and Risk-Taking Strategy in Tournaments: Evidence from Professional Poker Players. Available at SSRN 603525, 2004.

[135] Lee L F. Incentives to Inflate Reported Cash from Operations Using Classification and Timing. The Accounting Review, 2011, 87 (1): 1-33.

[136] Lee S S, Mykland P A. Jumps in Financial Markets: A New Nonparametric Test and Jump Dynamics. The Review of Financial Studies, 2007, 21 (6): 2535-2563.

[137] Leuz C, Nanda D, Wysocki P. Investor Protection and Earnings Management: An International Comparison. Journal of Financial Economics, 2003, 69 (3): 505-527.

[138] Li K K, You H F. What Is the Value of Sell-Side Analysts? Evidence from Coverage Initiations and Terminations. Journal of Accounting & Economics, 2015, 60 (2-3): 141-160.

[139] Lim T. Rationality and Analysts' Forecast Bias. Journal of Finance, 2001, 56 (1): 369-385.

[140] Lin H W, McNichols M F. Underwriting Relationships, Analysts' Earnings Forecasts and Investment Recommendations. Journal of Accounting & Economics, 1998, 25 (1): 101-127.

[141] Liu P, Smith S D, Syed A A. Stock Price Reactions to the Wall Street Journal's Securities Recommendations. Journal of Financial and Quantitative Analysis, 1990, 25 (3): 399-410.

[142] Livnat J, Zhang Y. Information interpretation or information discovery: which role of analysts do investors value more? Review of Accounting Studies, 2012, 17 (3): 612-641.

[143] Ljungqvist A, Marston F, Starks L T, et al. Conflicts of Interest in Sell-Side Research and the Moderating Role of Institutional Investors. Journal of Financial Economics, 2007, 85 (2): 420-456.

[144] Lobo G J, Song M, Stanford M H. The Effect of Analyst Forecasts during Earnings Announcements on Investor Responses to Reported Earnings. Accounting Review, 2017, 92 (3): 239-263.

[145] Logue D E, Tuttle D L. Brokerage House Investment Advice. Financial Review, 1973, 8 (1): 38-54.

[146] Loh R K, Stulz R M. Is Sell-Side Research More Valuable in Bad Times? Journal of Finance, 2018, 73 (3): 959-1013.

[147] Louis H, Sun A X, Urcan O. Do Analysts Sacrifice Forecast Accuracy for Informativeness? Management Science, 2013, 59 (7): 1688-1708.

[148] MacDonald G M. The Economics of Rising Stars. The American economic review, 1988, 78 (1): 155-166.

[149] Mas-Colell A, Whinston M D, Green J R. Microeconomic Theory [M]. New York: Oxford University Press, 1995.

[150] Matsumoto D A. Management's Incentives to Avoid Negative Earnings Surprises. The Accounting Review, 2002, 77 (3): 483-514.

[151] McInnis J, Collins D W. The Effect of Cash Flow Forecasts on Accrual Quality and Benchmark Beating. Journal of Accounting & Economics, 2011, 51 (3): 219-239.

[152] McNichols M, O'Brien P C. Self-Selection and Analyst Coverage. Journal of Accounting Research, 1997, 35: 167-199.

[153] Merkley K, Michaely R, Pacelli J. Does the Scope of the Sell-Side Analyst Industry Matter? An Examination of Bias, Accuracy, and Information Content of Analyst Reports. Journal of Finance, 2017, 72 (3): 1285-1334.

[154] Merton R C. A Simple Model of Capital Market Equilibrium with Incomplete Information. The Journal of Finance, 1987, 42 (3): 483-510.

[155] Mikhail M B, Walther B R, Willis R H. Does Forecast Accuracy Matter to Security Analysts? Accounting Review, 1999, 74 (2): 185-200.

[156] Mikhail M B, Walther B R, Willis R H. Do security analysts exhibit persistent differences in stock picking ability? Journal of Financial Economics, 2004, 74 (1): 67-91.

[157] Miller E M. Risk, Uncertainty, and Divergence of Opinion. Journal of Finance, 1977, 32 (4): 1151-1168.

[158] Miller G S. The Press as a Watchdog for Accounting Fraud. Journal of Accounting Research, 2006, 44 (5): 1001-1033.

[159] Millon M H, Thakor A V. Moral Hazard and Information Sharing: A Model of Financial Information Gathering Agencies. The Journal of Finance, 1985, 40 (5): 1403-1422.

[160] Mola S, Guidolin M. Affiliated Mutual Funds and Analyst Optimism. Journal of

Financial Economics, 2009, 93 (1): 108-137.

[161] Morck R, Yeung B, Yu W. The Information Content of Stock Markets: Why Do Emerging Markets Have Synchronous Stock Price Movements? Journal of Financial Economics, 2000, 58 (1-2): 215-260.

[162] Moyer R C, Chatfield R E, Sisneros P M. Security Analyst Monitoring Activity—Agency Costs and Information Demands. Journal of Financial and Quantitative Analysis, 1989, 24 (4): 503-512.

[163] O'Brien P C. Analysts' Forecasts as Earnings Expectations. Journal of accounting and economics, 1988, 10 (1): 53-83.

[164] Park C W, Stice E K. Analyst Forecasting Ability and the Stock Price Reaction to Forecast Revisions. Review of Accounting Studies, 2000, 5 (3): 259-272.

[165] Piotroski J D, Roulstone D T. The Influence of Analysts, Institutional Investors, and Insiders on the Incorporation of Market, Industry, and Firm-Specific Information into Stock Prices. Accounting Review, 2004, 79 (4): 1119-1151.

[166] Prendergast C, Stole L. Impetuous Youngsters and Jaded Old-Timers: Acquiring a Reputation for Learning. Journal of Political Economy, 1996, 104 (6): 1105-1134.

[167] Richardson S, Teoh S H, Wysocki P D. The Walk-Down to Beatable Analyst Forecasts: The Role of Equity Issuance and Insider Trading Incentives. Contemporary Accounting Research, 2004, 21 (4): 885-924.

[168] Roll R. R2. Journal of Finance, 1988, 43 (3): 541-566.

[169] Rosen S. The Economics of Superstars. The American economic review, 1981, 71 (5): 845-858.

[170] Scharfstein D S, Stein J C. Herd Behavior and Investment. American Economic Review, 1990, 80 (3): 465-479.

[171] Scheinkman J A, Xiong W. Overconfidence and Speculative Bubbles. Journal of Political Economy, 2003, 111 (6): 1183-1219.

[172] Schipper K. Analysts' Forecasts. Accounting Horizons, 1991, 5 (4): 105.

[173] Stickel S E. The Effect of Preferred Stock Rating Changes on Preferred and Common Stock Prices. Journal of accounting and economics, 1986, 8 (3): 197-215.

[174] Stickel S E. Common Stock Returns Surrounding Earnings Forecast Revisions: More Puzzling Evidence. Accounting Review, 1991, 66 (2) : 402-416.

[175] Stickel S E. Reputation and Performance among Security Analysts. Journal of Finance, 1992, 47 (5): 1811-1836.

[176] Sun J. Governance Role of Analyst Coverage and Investor Protection. Financial Analysts Journal, 2009, 65 (6): 52-64.

[177] Taylor J. Risk-Taking Behavior in Mutual Fund Tournaments. Journal of Economic Behavior & Organization, 2003, 50 (3): 373-383.

[178] Tetlock P C. Does Public Financial News Resolve Asymmetric Information? Review of Financial Studies, 2010, 23 (9): 3520-3557.

[179] Trueman B. Analyst Forecasts and Herding Behavior. Review of Financial Studies, 1994, 7 (1): 97-124.

[180] Womack K L. Do brokerage analysts' recommendations have investment value? Journal of Finance, 1996, 51 (1): 137-167.

[181] Wu J S, Zang A Y. What Determine Financial Analysts' Career Outcomes During Mergers? Journal of Accounting & Economics, 2009, 47 (1-2): 59-86.

[182] Xu N, Chan K C, Jiang X, et al. Do star analysts know more firm-specific information? Evidence from China. Journal of Banking & Finance, 2013, 37 (1): 89-102.

[183] Yezegel A. Why do analysts revise their stock recommendations after earnings announcements? Journal of Accounting & Economics, 2015, 59 (2-3): 163-181.

[184] Yin H F, Zhang H. Tournaments of Financial Analysts. Review of Accounting Studies, 2014, 19 (2): 573-605.

[185] Yu F. Analyst Coverage and Earnings Management. Journal of Financial Economics, 2008, 88 (2): 245-271.

［186］ Zhang Y. Analyst responsiveness and the post-earnings-announcement drift. Journal of Accounting & Economics, 2008, 46（1）: 201-215.

［187］ Zwiebel J. Corporate Conservatism and Relative Compensation. Journal of Political Economy, 1995, 103（1）: 1-25.